KB102046

# 금강산

*029*

그들이 본 우리

*Korean Heritage Books*

# 금강산

김장춘·알렉산더 간제 지음

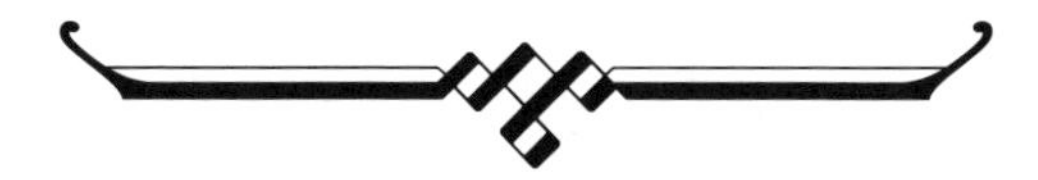

살림

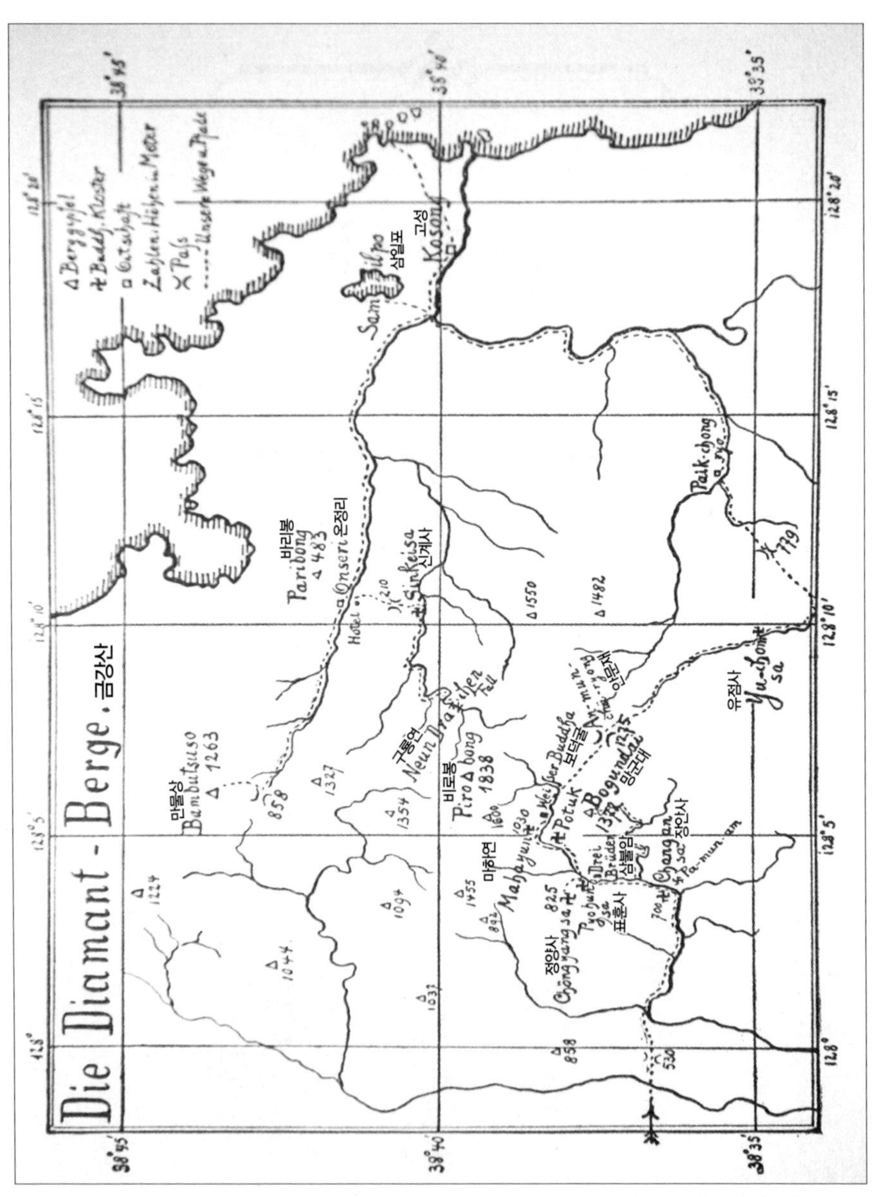


✚ 노르베르트 베버(1927)의 금강산 일대 지도

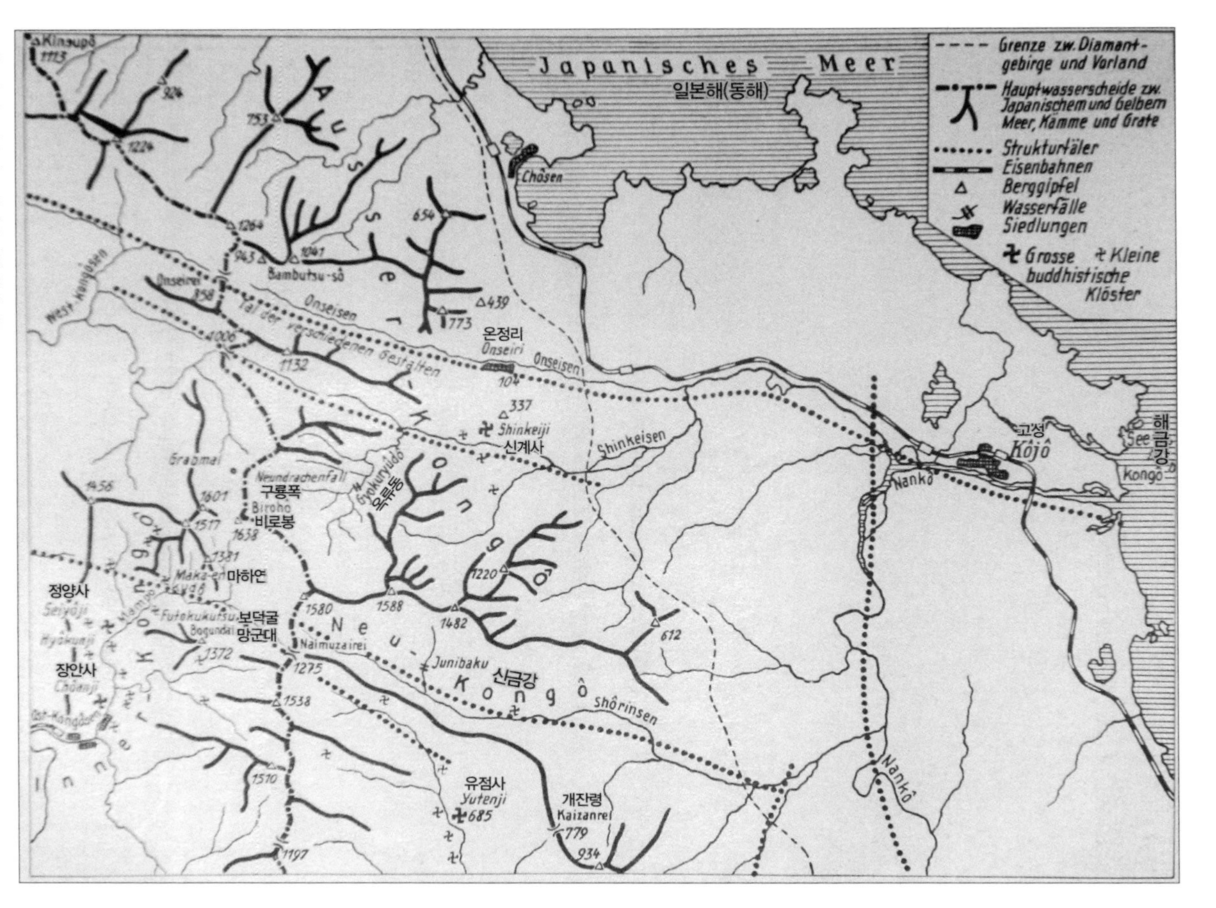


+ 헤르만 라우텐자흐(1945)의 금강산 일대 지도

## 금강산 여행기를 남긴 서양인들

(출간 연도순. 한 사람의 간행물이 여럿일 때는 최초 간행물의 연도)

찰스 윌리엄 캠벨(Charles William Campbell, 영국), 1892

앨프리드 에드워드 존 캐번디시(Alfred Edward John Cavendish, 영국), 1894a & 1894b

조지 너새니얼 커즌(George Nathaniel Curzon, 영국), 1894 & 1924

대니얼 라이먼 기퍼드 부인(Mrs. Daniel Lyman Gifford, 여, 미국), 1895

프레드릭 셰이블러 밀러(Frederick Scheibler Miller, 미국), 1896

제임스 허버트 베이치(James Herbert Veitch, 영국), 1896

윌리엄 벤턴 스크랜턴(William Benton Scranton, 미국), 1897

이사벨라 버드 비숍(Isabella Bird Bishop, 여, 영국), 1898

마르셀 모니에(Marcel Monnier, 프랑스), 1900

에밀 부르다레(Émile Bourdaret, 프랑스), 1904

에밀 브라스(Emil Brass, 독일), 1904

어니스트 프레드릭 조지 해치(Ernest Frederic George Hatch, 영국), 1904

장 드 팡주(Jean de Pange, 프랑스), 1904

앵거스 해밀턴(Angus Hamilton, 영국), 1904 & 1905경

지크프리트 겐테(Siegfried Genthe, 독일), 1905

장 드 네탕쿠르보브쿠르(Jean de Nettancourt-Vaubecourt, 프랑스), 1905

호머 헐버트(Homer Bezaleel Hulbert, 미국), 1906

에버라드 찰스 코츠(Everard Charles Cotes, 영국), 1907

바츨라프 시에로셰프스키(Wacław Sieroszewski, 폴란드), 1908

에밀리 조지아나 켐프(Emily Georgiana Kemp, 여, 영국), 1910

일리저베스 애나 고든(Elizabeth Anna Gordon, 여, 영국), 1914 & 1916

마크 네이피어 트롤로프(Mark Napier Trollope, 영국), 1917

프레드릭 스타(Frederick Starr, 미국), 1918

일리저베스 코츠워스(Elizabeth Coatsworth, 여, 미국), 1919

힐다 바우저(Miss Hilda C. Bowser, 여, 영국), 1920

토머스 쿡(Thos. Cook & Son, 영국 여행사), 1920

버논 A. 걸릭(Vernon A. Gulick, 국적 미상), 1921

찰스 로젠버리 어드먼(Charles Rosenbury Erdman, 미국), 1922

제임스 스카스 게일(James Scarth Gale, 캐나다), 1922

케네스 제임스 손더스(Kenneth James Saunders, 미국), 1922

할리 판스워스 맥네어(Harley Farnsworth MacNair, 미국), 1923

조바니 마스투르치(Giovanni Masturzi, 이탈리아), 1925a & 1925b

프랭크 조지 카펜터(Frank George Carpenter, 미국), 1926

찰스 데밍(Charles S. Deming, 한국명 도이명, 미국), 1926

루시언 스위프트 커틀랜드(Lucian Swift Kirtland, 미국), 1926

파울 클라우트케(P. Klautke, 독일), 1926 & 1933

리하르트 골트슈미트(Richard Goldschmidt, 독일), 1927

애그니스 엘시 다이애나 허버트(Agnes Elsie Diana Herbert, 여, 영국), 1927

노르베르트 베버(Norbert Weber, 독일), 1927

에밀 지그문트 피셔(Emil Sigmund Fischer, 오스트리아), 1928

제임스 비셋 프랫(James Bissett Pratt, 미국), 1928

세실 아더 스프링라이스(Sir Cecil Arthur Spring-Rice, 영국), 1929

피에르 시잘레(Pierre Chizallet, 프랑스), 1930

헨리 버제스 드레이크(Henry Burgess Drake, 영국), 1930

프리드리히 막스 트라우츠(Friedrich Max Trautz, 독일), 1930경

얼 채핀 메이(Earl Chapin May, 미국), 1930-31

플로렌스 헤들스턴 크레인(Florence Hedleston Crane, 여, 미국), 1931

마거릿 파슨스(Margaret Parsons, 여, 미국), 1931

가이 머치(Guy Murchie, 미국), 1932

에덜린 게일 넬슨(Ethelyn Gayle Nelson, 여, 미국), 1933

존 세이벌 그릭스비(Joan Savell Grigsby, 여, 영국), 1935

찰스 헌트(Charles Hunt, 한국명 홍갈로, 영국), 1935

버사 럼(Bertha Lum, 여, 미국), 1936

캐시 스콧(Katie Scott, 여, 캐나다), 1936

R. 크라우더(R. Crowder, 여, 미국), 1937

스텐 베리만(Sten Bergman, 스웨덴), 1937 & 1938

오드리 해리스(Audrey Harris, 여, 영국), 1939

필립 아먼드 해밀턴 깁스(Philip Armand Hamilton Gibbs, 영국), 1939경

월터 웨스턴(Walter Weston, 영국), 1930년대

해리 앨버슨 프랭크(Harry Alverson Franck, 미국), 1941

헤르만 라우텐자흐(Hermann Lautensach, 독일), 1942, 1945 & 1950

일리저베스 키스(Elizabeth Keith, 여, 영국), 1946

안드레 에카르트(Andre Eckardt, 한국명 옥낙안, 독일), 1950

메리 린리 테일러(Mary Linley Taylor, 영국), 1992

# 차례

서론

# 금강산을 찾은 서양인들, 1889~1945

이 책은 조선 말기인 1889년부터 일제강점기가 끝나는 1945년까지 한국의 금강산을 찾은 64명의 서양인 및 단체가 1892년 이후 남긴 금강산 여행기 73종을 수집, 발췌, 번역, 비교해 종합한 결과물이다. 이 책 이전까지 국내에 소개된 자료는 그중 10건 안팎밖에 되지 않으니, 무려 60건가량의 자료가 국내에 처음 소개되는 셈이다.

서양인이 남긴 최초의 금강산 사진은 영국의 조선 주재 부영사 찰스 캠벨(Charles William Campbell 1892)이 1889년에 찍은 10여 점이다. 그해 9월과 10월에 걸쳐 지금은 북한 지역인 압록강, 백두산과 금강산을 찾아 찍은 25점 중 일부다. 캠벨의 사진들은 비숍

(1898)의 조선 관련 사진들과 함께 런던의 왕립지리학회와 글래스고의 왕립 스코틀랜드 지리학회에 원본이 보관되어 있다. 그 밖에 단행본, 학술지, 신문·잡지 기사에 실린 금강산 사진과 삽화, 지도 중 지금까지 학계에 알려지지 않은 자료들을 이 책을 통해 처음 소개한다.

금강산 여행기를 남긴 서양인 64명을 국적별로 보면 영국(스코틀랜드 포함)인이 23명으로 가장 많고 다음으로 미국(21명), 독일(8명), 프랑스(5명), 캐나다(2명) 등 순이며, 폴란드·이탈리아·오스트리아·스웨덴 출신 그리고 국적 미상이 1명씩 있다. 성별로는 남성이 47명으로 70퍼센트 이상을 차지하지만 여성도 16명이나 되고, 개인이 아닌 여행안내서 출판사(Thos. Cook & Son 1920)도 1곳 있다. 외교관과 작가, 언론인부터 학자, 선교사, 교육자, 사업가, 모험에 나선 여행자들, 명산에 전문적 관심을 가진 사람들, 여행안내서 출판사와 잡지 편집자(깁스 1930경)까지, 신분도 직업도 관심사도 다양한 이들이 한국에 거주하거나 일시 방문한 기회에 명산 등반·유람을 위해서나 학술적·종교적 관심 등 다양한 목적으로 금강산을 찾았다.

여행기들 중엔 금강산을 다녀가고 수십 년이 지나 발표된 것들도 여럿 있다. 캠벨은 1889년 한국을 여행하고 사진을 찍어 1892년에 본국의 학회에 소개했지만, 조지 커즌 경(케들스턴 후작, George

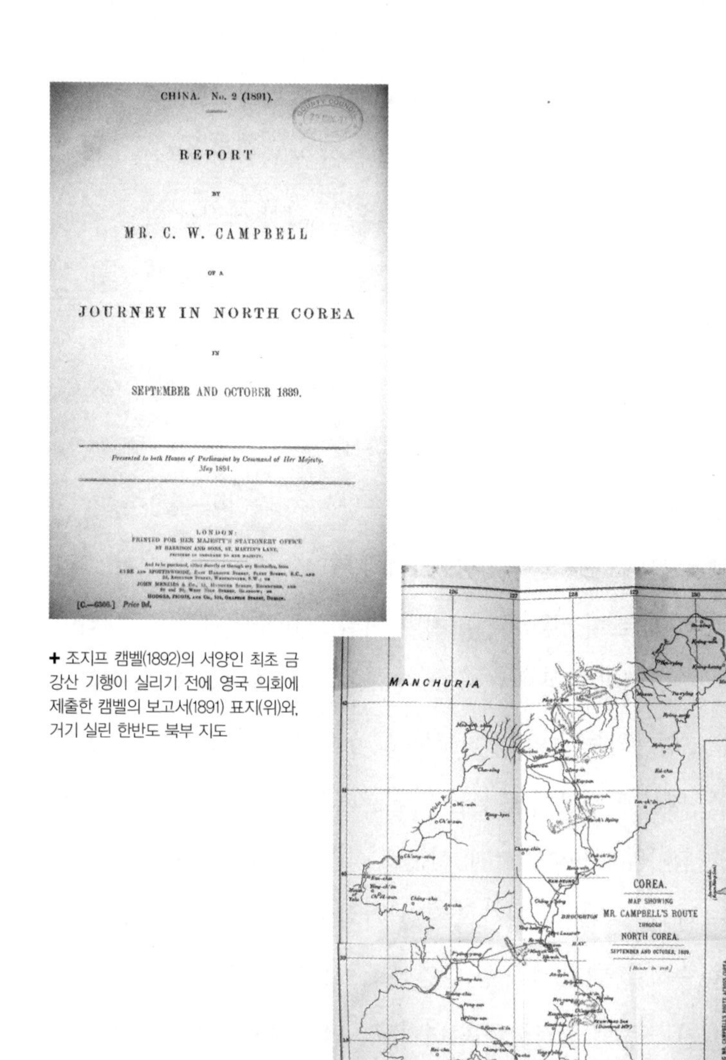

CHINA. No. 2 (1891).

REPORT

BY

MR. C. W. CAMPBELL

OF A

JOURNEY IN NORTH COREA

IN

SEPTEMBER AND OCTOBER 1889.

*Presented to both Houses of Parliament by Command of Her Majesty.*
*May 1891.*

LONDON:
PRINTED FOR HER MAJESTY'S STATIONERY OFFICE
BY HARRISON AND SONS, ST. MARTIN'S LANE,

[C.—6306.] *Price 9d.*



+ 조지프 캠벨(1892)의 서양인 최초 금강산 기행이 실리기 전에 영국 의회에 제출한 캠벨의 보고서(1891) 표지(위)와, 거기 실린 한반도 북부 지도

Nathaniel Curzon 1894 & 1924)은 1892년 여행 후 2년 뒤에 첫 번째 책을 내고, 다시 32년 만인 1924년에 〈내셔널 지오그래픽〉에 글을 실었다. 미국인 프랭크 조지 카펜터(Frank George Carpenter 1926)도 실제 금강산을 다녀간 것은 책을 내기 30여 년 전인 1880년대였다. 커즌과 카펜터의 1920년대 글들을 보면 수십 년 전 기억 속의 금강산을 떠올리기가 쉽지 않았던 듯, 절 이름을 혼동하거나 기억하지 못하는 경우들이 보인다. 미국인 해리 프랭크(Harry Alverson Franck 1941)도 1910년에 다녀간 지 30년 만에 글을 쓰다 보니 이름, 바위에 새긴 조각 같은 세부 사항들이 빠져 있다.

여행자의 성별에 따라 여행기의 결이 다른 것도 흥미롭다. 영국 여성들인 이사벨라 비숍(Isabella Bird Bishop 1898)이나 에밀리 조지아나 켐프(Emily Georgiana Kemp 1911) 같은 이들은 숙박한 곳의 상황을 자세하게 묘사하면서 프라이버시가 없음을 불평한 반면, 남성들은 그런 고충엔 관심이 적고 그보다 외국인, 특히 여성을 처음 만나는 한국인 주인들의 호기심에 공감하는 분위기다.

많은 저자들은 여행하기 전에 금강산에 대한 다른 서양인의 글을 읽었다. 하지만 독일 역사학자인 리하르트 골트슈미트(Richard Goldschmidt 1927)처럼 사전 지식이 전혀 없이 금강산을 찾은 경우도 있다. 그 결과 금강산에 위치한 사찰들이 오랫동안 버려져 있다가, 사람들이 금강산을 찾게 하려는 일본인들의 노력 덕에 사찰이 명성을 되찾았다는 잘못된 정보를 책에 싣기도 했다.

이 책에 소개한 모든 저자나 단체가 직접 금강산을 오른 것은 아니다. 한 예로 토머스 쿡 여행사(1920)는 전세 기차와 증기선을 이용해 세계 최초로 패키지 여행을 창시한 영국의 유명한 여행사인데, 이 여행사 관계자가 금강산을 여행했다는 기록은 없다. 일제가 경의선을 개통하고 난 후 기차나 선박으로 금강산 근처의 역이나 항구까지 간 후 자동차로 금강산 입구까지 여행할 수 있게 되자 금강산 관광을 홍보한 것인데, 금강산이 언급됐다는 이유로 포함시켰다. 필립 아먼드 해밀턴 깁스(Philip Armand Hamilton Gibbs 1939경)도 100권에 가까운 저작물 중 9권이 영화로 제작될 정도로 유명한 소설가이자 언론인이라서, 그를 편집자로 활용한 듯한 세계여행 잡지 속에 금강산 사진 한 장이 게재된 것을 소개했다.

젊은 선교사로 내한한 기퍼드 부부의 경우, 기퍼드 부인(Mrs. Daniel Lyman Gifford 1895)이 "조선의 가 볼 만한 곳"이라는 기사에 금강산을 포함시켰지만 역시 본인이 금강산을 여행했는지는 확신할 수 없다(남편인 기퍼드 선교사는 계룡산을 최초로 오른 서양인으로 기록에 남아 있다).

조금 특수한 경우로, 세실 아더 스프링라이스(Sir Cecil Arthur Spring-Rice 1929)는 옥스퍼드대 밸리올 칼리지 동창인 너새니얼 커즌과 함께 일본에서 출발해 금강산을 여행했지만 금강산에 관한 글을 손수 발표한 적은 없다. 두 사람의 후배인 스티븐 귄(Stephen Gwynne)이라는 기자가 편집한 『세실 스프링라이스 경의 서한과 교우』라는 책 속 그의 일기 중 금강산 내용이 있어 소개하는 것이다.

이 책이 소개하는 저서와 기고문(논문, 수필, 여행기, 기사 등) 대다수는 명지대학교 LG한국학자료관(구 명지대-LG연암문고)에 소장되어 있다. 그 밖에 국내외 도서관과 인터넷에서 발견한 것들도 있고, 존재했다는 기록만 있을 뿐 아쉽게도 끝내 실체를 찾지 못한 자료들도 있다. 지난 30여 년 동안 발굴, 수집한 이 서양 자료들은 우리가 지금껏 알던 모습과는 다른, 당시 이 땅에 살던 사람들의 새로운 면모를 보여 준다. 불교와 유교, 무속 신앙이 기독교라는 새로운 세력과 만나는 순간을 서양인의 시각에서 바라볼 수 있는 귀중한 자료이기도 하다. 금강산의 전통 문화에 대해서도 알 수 있다. 이러한 문화가 살아 숨쉬던 당시의 상황을 정치적 이해관계에 얽히지 않은 이들이 나름대로 객관적인 시각에서 생생하게 기록했다는 점에서 이들의 기록은 소중한 의미를 가진다.

# 제1장
# 금강산

## 개관

서양인들의 눈에 금강산은 아시아를 넘어 세계 어느 곳과 비교해도 뒤지지 않을 정도로 아름답고 환상적인 곳이었다.

미국인 신학자 찰스 어드먼(Charles Rosenbury Erdman 1922)은 "한때 동아시아에서 가장 경이로운 곳이었으나, 지금은 세계적으로 경이로운 곳 중 하나"라고 했다.

스웨덴의 조류학자이며 탐험가인 스텐 베리만(Sten Bergman 1938)은 "금강산은 그 어느 것과도 비교할 수 없을 만큼 아름답고

+ 프리드리히 막스 트라우츠(1930경)의 금강산 전경

보기 드문 산"이라고 했다.

영국 여행가이자 저술가인 이사벨라 비숍(1898)은 "일본과 중국의 서부 지역에서도 이렇게 아름다운 산을 본 적이 없다"고 고백했다.

이들은 흔히 금강산의 아름다움을 세계의 유명한 명승지에 견주었다. 독일인 지크프리트 겐테(Siegfried Genthe 1905)와 영국 여성 오드리 해리스(Audrey Harris 1939)는 금강산을 이탈리아 북부 알프스의 돌로미티(Dolomiti)산맥에 견주었다. 돌로미티는 가파른 수직 절벽과 좁고 깊은 계곡이 길게 형성되어 세계에서 가장 아름다운 산악 경관 중 하나로 꼽히는 곳이다. 해리스는 또 비로봉에서 본 장관을 역시 아름답기로 유명한 요르단 페트라 근처의 예벨하룬(Jebel Harun)과 비교하며 극찬했다.

독일 수도사 노르베르트 베버(Norbert Weber 1927)도 "알프스풍"이라는 수식어로 금강산의 아름다움을 표현했다. 봉우리가 많고 가파르지만 환상적인 아름다움을 가진 알프스의 매력을 금강산이 그대로 닮아 있기 때문이리라.

전 세계의 수많은 산을 올랐던 해리 프랭크(1941) 역시 "하얀 대리석처럼 밝고 깨끗한 봉우리를 수천 개나 가진 산은 금강산 외에 본 적이 없다"고 극찬했다.

영국 하원의원이자 인도 총독을 지낸 조지 커즌(1894 & 1924) 경

+ 헨리 버제스 드레이크(1930), 금강산 바위 위에서

은 금강산의 단풍이 캘리포니아 협곡만큼 아름다우며 계곡과 숲은 그보다 더 아름답다고 했다.

몇몇 이들은 그 아름다움에 비할 대상을 찾지 못하자 문학적 표현까지 끌어왔다. 금강산에 전해 오는 불교 전설에 영향을 받은 점도 있을 것이다. 영국인 헨리 버제스 드레이크(Henry Burgess Drake 1930)는 "『신바드의 모험』에 금강산 버전을 새로 추가하고 싶다. 그만큼 이곳은 멋지고 환상적인 곳"이라고 기록했다.

한편, 글을 남기지는 않았지만 주한 벨기에 영사로 근무했던 브리보시아(J. Bribosia)는 제임스 스카스 게일(James Scarth Gale 1922: 28쪽)에 인용된 대화에서 만폭동 계곡에 대해 "그리스 신화의 인물들과 집, 숲의 신과 물의 신 등 어릴 때 즐겨 보던 동화 속 주인공들을 만날 것만 같은 곳이다. 알리바바 이야기에 등장하는 인물도 발견할 수 있고, 백마 탄 왕자의 입맞춤을 기다리는 잠자는 숲속의 공주가 누워 있을 법한 덩굴 장식의 동굴도 있다. 디아나(아르테미스)가 바위 뒤에서 갑자기 등장해 발 빠르게 사슴을 쫓을지도 모른다"고 했다.

버사 럼(Bertha Lum 1936: 103쪽)에게 금강산은 조선에 온 적 없는 대다수의 사람들처럼 "달나라에나 있을 것 같은 곳, 조랑말에 짐을 싣고 몇 주간 여행을 해야만 도달할 수 있을 것 같은, 전설에나 나

+ 프레드릭 스타(1918, 왼쪽)와 드레이크(1930)가 찍은 내금강 묘길상 사진. 스타의 것은 좌우가 뒤집혀 인쇄되었다.

올 만한 곳"이었다.

이들 대다수는 시인이나 문학가들이 아닌 전문 여행 작가들이었다. 겐테는 독일 〈쾰른 차이퉁〉지의 해외 특파원이었고 중국, 사모아, 하와이 등의 여행기를 발간한 바 있는데 1903년 모로코에서 출판할 책의 자료를 수집하던 중 사망했다. 비숍은 중국과 일본 등지를 두루 여행하고 기록을 남겼다. 스텐 베리만은 캄차카반도와 쿠릴 열도를 여행하고 그곳에 관한 글을 출간했다. 금강산에 대한 이들의 찬탄은 세계를 여행하며 아름다운 곳을 수없이 방문했던 이들의 객관적인 찬사였다.

금강산 여행의 대표 코스는 단발령을 넘어 내금강 장안사로 들어가, 백천동·만폭동 계곡에서 보덕암과 마하연을 거쳐 외금강으로 넘어가는 길이다. 안문재를 넘어 유점사를 지나고 신계사로 가다 보면 해금강인 동해 바닷가에 이르게 된다.

비숍과 제임스 게일(1922)은 이러한 금강산의 지형을 객관적으로 잘 설명했다. 이들의 설명을 보면 금강산은 단발령 쪽으로 들어가 내금강(남서부 절반)과 외금강(동북부 절반)으로 나누어지고, 내금강은 다시 백천동 계곡과 만폭동 계곡으로 구성된다. 두 계곡은 사실 하나의 줄기에서 나왔는데, 장안사 급류의 아래쪽을 백천동, 위

+ 리하르트 골트슈미트(1927)의 내금강 장안사 원경

쪽을 만폭동이라고 부른다. 외금강은 가파른 경사를 보이는 산 쪽과 해금강으로 다시 나뉜다.

커즌은 거꾸로 원산에서 출발해 동쪽으로 신계사 근처에서 금강산에 진입했다. 신계사에서 안문재를 지나 내금강을 거쳐 단발령으로 나오는 코스다.

이상은 금강산의 전반적인 구조이고, 이제 내금강, 백천동 계곡, 만폭동 계곡, 외금강, 해금강 순으로 세부 기록들을 살펴보자.

## 내금강

1917년에 금강산을 방문한 스코틀랜드인 제임스 스카스 게일(1922)은 내금강에 대해 상세하게 설명하고 있다. 지명이나 비석의 이름을 한자 독음과 한국어 발음대로 표기하고, 뜻을 영어로 번역해 첫 부분은 문화에 관심이 많은 한국인 및 중국인 여행자를 위한 내금강의 종합 안내서 같은 해설로, 역사적 정보부터 시작해 방대한 내용을 수록했다.

보통 내금강을 갈 때면 단발령을 가로지른다고 비숍(1898: 150쪽~ )은 설명한다. 단발령은 속세와 불국토 사이의 경계를 의미한다.

+ 베버(1927)가 '노래하는 눈(雪)' 폭포라고 소개한 금강산의 폭포 중 하나(미상)

신라 마지막 임금인 경순왕의 아들 마의태자(麻衣太子)가 이 고개를 넘으며 머리카락을 잘랐다는 전설에서 유래한 지명이며, 나중에는 이곳에 들어서는 이는 머리카락을 잘라야 한다는 속설로 발전했다.

앵거스 해밀턴(Angus Hamilton 1904: 227쪽), 장 드 팡주(Jean de Pange 1904: 24쪽), 에밀 부르다레(Émile Bourdaret 1904: 343쪽), 장 드 네탕쿠르보브쿠르(Jean de Nettancourt-Vaubecourt 1905: 252쪽)도 단발령을 이야기했다.

커즌 경(1924: 374쪽)은 1892년 거꾸로 금강산을 떠나며 단발령을 넘었다. 베버(1927: 12쪽)는 특이하게 단발령에 대한 언급이 없다.

단발령 가파른 비탈로 장안사로 내려가면 숙박 시설이 나오고, 여기서 다시 표훈사와 백천동 계곡을 지나 만폭동 계곡으로 들어간다.

### 백천동 계곡

백천동(百川洞)은 말 그대로 백 개의 시냇물이 흐르는 골짜기다. 계곡은 남쪽의 장안사부터 북쪽의 표훈사까지 10리 정도 길게 뻗

+ 드레이크(1930)의 보덕암

어 있다. 장안사에서 표훈사로 가다 보면 '울음연못' 명연담(鳴淵潭)이 나온다. 표훈사 서쪽 산등성이 위에 있는 정양사에 오르면 주변의 높은 봉우리까지 한눈에 내려다보인다. 계곡 옆으로는 관음봉, 석가봉, 지장봉, 청학봉이 보인다. 계곡의 동쪽으로 뻗어 있는 협곡은 지장봉과 석가봉 사이의 영원암으로 이어진다.

## 만폭동 계곡

만폭동(萬瀑洞)은 1만 개의 폭포가 있는 골짜기라는 뜻으로, 백천동 계곡보다 상류에 있다. 두 계곡의 경계에 있는 표훈사부터 비로봉 바로 아래 위치한 사찰인 마하연까지 뻗어 있다.

만폭동의 매력 포인트로 분무기처럼 물을 뿜는 폭포들과 흑룡담·진주담·거북소·화룡담 등의 소(沼), 관음보살의 전설이 깃든 보덕굴과 공중에 매달린 듯한 보덕암 등을 꼽을 수 있다.

서양인들은 온갖 수식어를 동원해 이 아름다운 계곡의 모습을 설명했다. 게일은 "10월 초에 금강산 한가운데 계곡에 펼쳐지는 풍광은 어떤 말로도 표현할 수 없다. 자연을 사랑하는 모든 이여, 이 계절에 이곳에 와서 수채화의 대가이신 주님께서 어떻게 언덕과

+ 라우텐자흐(1945)가 '만폭동 계곡의 후토쿠쿠쓰 암자'라고 소개한 보덕굴

계곡에 물감을 뿌려 놓으셨는지 함께 감상하자"고 찬사를 보냈다.

베리만(1938)은 "거대한 화강암들이 누군가 위에서 던진 것처럼 좁은 골짜기를 따라 제멋대로 놓여 있다. 이 바위가 거대한 물줄기를 사방으로 퍼뜨리며 폭포를 형성하고 있다"고 설명했다.

보덕암의 아름다운 풍경에 서양인들은 감탄을 금치 못했다. 이 암자는 돌출된 바위에 자리 잡은 제비집처럼 마치 바위에 붙어 있는 것처럼 보였고, 쇠줄에 연결돼 공중에 떠 있는 것처럼도 보였다. 산길에서 약 100미터쯤 떨어진 곳에 있어 쉽사리 접근하기 힘들고 쇠줄을 이용해야만 올라가고 내려올 수 있었다.

관음보살이 통상 여성으로 형상화되어 와서인지 팡주(1904: 29쪽)는 보덕암을 "관음 여신의 작은 동굴"이라 했다.

### 외금강 산록

금강산은 일만 이천 개의 봉우리가 들쑥날쑥 솟아 있다. 최고봉은 해발 1,638미터의 비로봉이다.

오드리 해리스(1939)에 따르면 비로봉의 서쪽과 남쪽은 완만한 산과 언덕이다. 한쪽에는 논이 있고, 다른 한쪽은 에메랄드처럼 빛

+ 세존봉 쪽에서 바라본 옥류동 계곡(라우텐자흐 1945)

나는 계곡에서부터 위로 솟아 있다. 북쪽으로는 들쑥날쑥한 해안선 너머로 바다가 서북 방향으로 길게 뻗어 있다. 동쪽으로 뾰족한 산등성이들과 우거진 삼림, 깊게 파인 계곡을 따라가면 해안의 평지까지 이어진다. 해리스는 비로봉에 올라 일출과 일몰의 장관을 묘사했다(52쪽).

베버(1927)는 1,372미터 높이의 몽근대(실제는 1,331m)에 올랐다고 기록했다.

만물상은 엇비슷한 일만여 개의 봉우리가 한눈에 내려다보이는 곳이다. 이곳에 오른 드레이크(1930)는 다음과 같은 감상을 남겼다.

> 주변을 둘러보라. 정지한 듯, 공중에 떠 있는 듯, 황량한 정상 위에 서 있는 듯하다. 이곳에 서면 각 봉우리들이 짐승이나 새, 명상하는 부처들, 기도하는 승려 등등 살아 있는 물체처럼 보인다. 아니, 오히려 살아 있지 않은 것처럼 보인다. 날이 저물거나 안개가 내려앉으면 하얀 바위들이 마치 유령 군단처럼 당신을 에워싸는 것처럼 느껴질 것이다.

+ 베버(1927)가 손수 그린 만물상(왼쪽)과 해금강

## 외금강 동사면

내금강의 만폭동 계곡에 있는 마하연에서 안문재를 넘으면 외금강으로 가는 길이 나온다. 길은 해발 867미터에 위치한 유점사와 거기서 100미터 지나 있는 신계사를 넘어 온정리 마을까지 내려간다. 장 드 팡주는 1904년 장안사에서 신계사로 가는 도중에 '진고개령'을 발견했다고 하는데, 백천동~만폭동~안문재를 지나 외금강으로 가는 도중 어느 지명을 가리키는지 알 수 없다.

안문재에서 내려오는 길에 칠보대와 은선대 봉우리의 모습을 볼 수 있다. 유점사와 가까운 곳에 오탁정 온천이 있다.

신계사는 고도가 낮은 집선봉 기슭에 있다. 여기부터 새로운 계곡이 시작되고 금강문을 통과해 옥룡관, 비봉폭포를 따라 '배 연못(선담船潭)'과 '진주 연못(진주담)'을 지나면 구룡폭포가 나온다.

버사 럼(1936)은 비봉폭포를 따라 8개의 연못이 연결된 상팔담의 전설을 기록했다.

베버(1927)는 외금강을 "내금강에 비해 거칠고 로맨틱하며 모양이 제각각인 바위들이 제멋대로 놓여 있는데 그 모습이 마치 그림처럼 아름답고 환상적"이라고 표현했다. "세계 어느 지역에서도 찾아볼 수 없는 셀 수 없이 많은 봉우리와 탑으로 이뤄져 있다"고도

+ 앵거스 해밀턴(1904)의 유점사

+ 앵거스 해밀턴(1904)의 신계사

했다. "단지를 엎어 놓은 듯한 483미터 높이의 언덕"은 바리봉을 가리키는 듯하다.

겐테(1905)는 내려가는 길에 본 장관을 글로 남겼다.

> 고도 795미터쯤 이름을 알 수 없는 길에서 동쪽 해변의 장관을 보았다. 몇 발자국만 가면 바다다. 산등성이를 지나면 또 산등성이가 있고, 둥근 화강암 바위들 뒤쪽으로 푸른 숲과 계곡이 있다. 그 속에 숨어 있던 논이 어둠 속에서도 반짝였다.

게일(1922)도 외금강으로 내려오는 길에 아름다운 광경을 보고 발길을 멈춘다.

> 초라한 주막을 지나 얼마간 황폐한 황야를 걷다가 밝은 녹색을 띤 산등성이에 주저앉은 순간 말로 표현할 수 없는 장관이 펼쳐졌다. 낮게 깔린 구름 아래 넓고 푸른 바다 끝에 닿은 언덕과 계곡, 짙은 하늘과 섞인 풀밭의 짙은 그림자 (…)

그는 구룡폭포로 가는 계곡이 매우 거칠어서 여성들은 가 볼 엄두도 내지 못할 곳이라고 썼다. 남성인 게일 자신도 구룡폭포에 오

+ 베버(1927)의 구룡폭포

+ 트라우츠(1930경)의 구룡폭포

르지 못했다.

신계사에서 바다 근처의 양진리라는 마을을 잇는 도로가 있다. 이 도로는 온정리로 이어지는데 여기서 비로봉의 모습을 볼 수 있다. 구룡연, '열반 언덕(신선봉)', 온정리 마을 역시 신계사 근처에 위치하고 있다.

### 해금강

에밀 지그문트 피셔(Emil Sigmund Fischer 1928)는 해금강을 "해안가에 있는 금강산 입구"라고 했다.

베리만(1938)에게 이곳은 그림 같은 섬과 바위, 희귀한 소나무가 많아 일본의 해안 풍경을 연상케 했다.

베버(1927)는 "금강산에 속한 해안으로 울퉁불퉁 솟은 수많은 봉우리들이 해안에 반사돼 독특한 모습을 형성한다"고 설명했다.

헤르만 라우텐자흐(Hermann Lautensach 1942, 1945 & 1950)도 해금강의 지세와 지형학적 형성에 관해 구체적으로 기술했다.

+ 토머스 쿡 여행안내서(1920)의 해금강

+ 라우텐자흐(1945)의 해금강

+ 베버(1927)의 해금강 총석정

제2장

# 지리와 자연

## 지명

서양인들의 금강산 여행기는 영어, 프랑스어, 독일어 등 저마다의 언어로 되어 있다. 베리만은 모국어인 스웨덴어(1937)로 기록하거나 출판한 것을 영어(1938)와 독일어(1944)로 재출간했다. 따라서 지명 표기도 제각각이다. 대부분의 저자들은 자기들 귀에 들린 한국어 지명을 최대한 가깝게 로마자로 적으려 했지만 표준화된 표기법이 없어 언어에 따라 지명과 표기가 제각각으로 나타난다. 일제하 금강산을 여행한 저자들은 일본식으로 읽은 지명을 혼용했고,

한국식 이름을 아예 적지 않고 일본식으로만 일관한 저자도 있다.

독일 지질학자 고체(Carl Christian Gottsche)는 1886년 『조선 지질학 개관』과 독일식 발음법으로 지명을 표기한 조선 지도를 발간했지만 금강산은 방문하지 않았다. 에밀리 켐프(1911) 같은 여행자들이 이 지도의 도움을 받았다. 비숍(1898)은 영국인인데도 '단발령' 같은 지명의 한국어 '어'를 독일어 ö(움라우트 오)로 쓴 것으로 보아 같은 지도를 사용한 것으로 보인다.

같은 지역을 달리 표기한 경우들도 있다. 금강문을 게일(1922)은 '금강문'이라 썼지만 베버(1927)는 일본어로 '공고산(Kongosan, 금강산) 문'이라 했고, 내금강 보덕굴을 비숍(1898)은 '만폭동 동굴', 팡주(1904)는 '관음굴'이라고 썼다. 이들이 참고했을 여행안내서들이 오히려 혼란을 준 인상이다.

럼(1936)과 베리만(1938 & 1944)처럼 가끔이나마 한국식 지명을 사용하려고 노력한 것들도 있으나 시기적으로 뒤로 갈수록 전체적으로 일본식 지명을 쓰는 빈도가 늘었는데 이는 아마 일본인 가이드의 영향이었을 것으로 보인다.

이들은 동행한 조선인 가이드의 경험과 지식에 크게 의존할 수밖에 없었다. 게일(1922)과 같이 따로 통역사를 고용하거나 직접 대화를 시도한 경우도 있다.

+ 베버(1927)가 촬영한 금강산 승려들. 사명대사(유정)이 지었다는 "짧음도 긺도 없으며, 보는 곳마다 온갖 색깔이 보인다(無短亦無長, 隨處現靑黃)"라는 주련으로 보아 건봉사 대웅전인 듯하다.

당시 가이드는 대부분 승려들이었다. 외금강보다 내금강에 대한 설명이 훨씬 구체적인 것은 장안사와 표훈사의 승려들이 가이드인 경우가 많았기 때문이다. 게일(1922)은 유점사에서 가이드에게 '강아지길(개잔령)'과 '사슴길(노루목)' 등에 대해 물었지만 "아래로 내려가면 볼 수 있다"는 무성의한 대꾸만 들었다.

미숙한 가이드와 동행한 서양인들은 각 지역의 명칭을 정확하게 알 수 없었고, 때로는 아름다운 경관을 놓치기도 했다. 대다수의 서양인들은 해금강에 별 관심을 두지 않았는데, 먼저 지나온 곳들에 비해 경치가 특별나지 않고 신계사는 절터만 남아서이기도 하지만, 경험 많은 가이드를 만나지 못하고 승려들이 불친절한 이유도 있었을 것이다.

## 경관, 지형, 지질

월터 웨스턴(Walter Weston)은 1930년대 영국에서 출간한 세계의 등산에 관한 안내서에서 "금강산의 절경은 일본인과 한국인들에게 아주 유명하다. 이곳을 오르기 가장 좋은 계절은 봄이나 가을로, 수도인 경성(서울)에서 철도나 차를 이용하면 하루 만에 갈 수 있다. 해안에서 가장 가까운 해금강은 등반하기에 최적의 장소다. 1,350미터 안팎의 높이에서 여러 개의 봉우리를 만날 수 있는데 거기까지 오르는 데 각각 하루씩 걸린다"고 기술했다.

이사벨라 비숍(1898)은 금강산의 지형을 다음과 같이 설명했다.

> [함경남도] 북청에서부터 남쪽으로 동해에 가깝게 뻗어 내린 한반도의 등뼈는 점점 부드러워지다가 돌연 금강산에 이르게 된다. 톱니 같기도 하고 삐죽삐죽하기도 하여 감히 근접해 볼 수도 없는 봉우리들이 길게 늘어서 있고, 굉장한 원시림을 품고 있는 산 (…)

베네딕도회 신부였던 노르베르트 베버(1927)도 "엄청난 양의 빗물이 계곡을 따라 동과 서로 흘러 내려간다. 이 물은 천 년간 깊은 계곡과 골짜기를 형성하고 뾰족한 탑들과 기암절벽을 만들어 냈다"고 썼다.

찰스 윌리엄 캠벨(1892)은 금강산을 "한반도의 등줄기를 형성하는 바위투성이의 산"이라고 표현하며 "주로 화강암과 편암 사이에 조립현무암, 휘록암이 주요 암석인 관입암으로 구성되어 있다"고 지질 구성을 설명했다.

금강산은 집중 침식이 일어나는 지역이다. 겨울의 서리, 봄과 이른 여름의 많은 강우량이 주 요인이다. 스웨덴 조류학자인 스텐 베리만(1938 & 1944)은 여름의 많은 비와 겨울철의 혹한으로 강한 침식작용이 이루어져 독특한 모양의 조각들을 만들어 낸다고 했다.

겐테(1905)는 "편마암층으로 이루어진 금강산은 비가 많이 오는 봄과 이른 여름에 많은 비로 인해 파괴적인 침식 활동이 일어난다. 모래와 화강암 가루들이 바위에 흩뿌려지고, 층층이 내려온 폭포는 하천 바닥을 깊고 넓게 만든다"고 기록했다.

라우텐자흐(1942, 1945 & 1950)는 침식 양상에 따라 금강산을 세 구역으로 구분했다.

(1) 식생으로 덮인 산기슭, 동북쪽과 해금강 부근. 이곳은 화학적 침식이 주를 이룬다.

(2) 두 번째 지역은 토실토실 살찐 모양의 암석과 종 모양의 산들로 구성된 해금강 지역이다. 조류(藻類)로 뒤덮여 검은색을 띠고 있는 것이 이 지역의 특징이다.

(3) 세 번째 지역의 위쪽은 파편 모양의 산등성이와 가파른 경사, 거친 형태의 기둥들, 자연적으로 형성된 탑과 총안(銃眼)이 있는 흉벽 등이 있고, 회색빛이 도는 흰색을 띤다. 이 지역

+ 홍수에 불어난 물로 길이 끊긴 하천(위)과, 금강산 계곡의 급류(골트슈미트 1927)

의 경계에 영향을 미친 것은 기후와 화강암의 입상이다. 고도 800미터 부근에서 파편 모양의 지역 (3)과 둥근 모양의 지역 (2) 사이의 경계선을 발견할 수 있다.

라우텐자흐는 또 온정리 온천의 지각은 얇고, 다른 계곡의 온천들은 미네랄 함량이 많고 라듐이 포함되어 있다고 설명했다.

## 기후와 날씨

비숍(1898), 해밀턴(1904 & 1905경), 겐테(1905), 베버(1927), 골트슈미트(1927), 베리만(1938 & 1944) 등이 금강산 여행 중 겪은 장마에 대해 언급했다.

비숍은 5월에 장안사를 방문했는데 급류가 깊고 얼음처럼 찼다고 얘기한다.

해밀턴은 장안사 골짜기를 흐르는 급류에서 천둥소리가 난다면서, "쾅" 소리를 내며 흐르는 급류로 두려움을 느낄 정도라고 했다.

겐테는 1905년에 최근의 폭우로 거대한 굵기의 썩은 나무들이 산기슭으로 밀려 내려왔다고 기록했다. 그가 금강산에 머문 첫 사

+ 잣을 채취하는 사람들(라우텐자흐 1945)

흘 동안 폭우가 계속되어 모든 도로가 마비됐고, 계곡을 흐르는 물소리가 매우 크다고 했다. 장안사 승려들은 그에게 이 기간에는 계곡에 오르지 말라고 조언했다.

베버는 물살이 센 강을 몇 번이나 건너며 붕괴됐거나 붕괴 직전의 다리를 보았다. 한번은 강을 건너다가 가방을 물속에 떨어뜨려 스케치북까지 완전히 젖어 버렸다.

골트슈미트는 차로 여행하는데 며칠 동안 비가 내려 진흙에 빠지고 불어난 계곡물에 휩쓸리는 등 위험했던 경험을 통해 금강산의 혹독한 여름철 기후에 대해 기술했다.

베리만은 1938년 초, 만폭동 계곡 보덕사 근처의 다리가 거센 물살에 떠내려갔다고 썼다. 급류가 해밀턴과 겐테가 겪은 것보다 훨씬 더 거세었다는 증언이다.

그 밖에 켐프(1911), 게일(1922), 드레이크(1930) 등이 금강산에서 겪은 장마 이야기를 썼다.

금강산의 겨울은 눈 세상이기도 했다. 비숍(1898)에 따르면 금강산의 절들은 일 년 중 넉 달간 눈에 덮여 세상과 격리된다.

12월에 금강산을 여행한 피셔(1928)는 장비를 갖추지 않으면 매우 위험해 이 시기에 내금강을 여행하는 것은 삼가야 한다고 했다.

반면 겐테(1905)는 동절기가 승려들에게 가장 여행하기 좋은 시기로, 설피(雪皮)를 신으면 눈 쌓인 곳도 쉽게 걸어 다닐 수 있다고 적었다.

금강산의 기후를 가장 학술적으로 기록한 것은 식물학자인 클라우트케(Paul Klautke 1933)다. 그는 여름철 그늘진 곳의 온도는 20~25℃, 겨울 기온은 영하 20℃라고 기술하고, 여름에는 높은 습도로 침식이 일어난다고 적었다.

## 동식물

명지대학교 LG한국학자료관은 한국에서 자라는 식물을 소개한 서양 서적을 다수 소장하고 있다. 보통 저자들은 한국에 사는 식물 종들을 언급하면서도 구체적인 서식지까지는 명시하고 있지 않다. 그런 점에서 금강산 여행기에 포함된 식물 이야기는 동식물종뿐 아니라 서식지까지 명기된 드문 경우다.

금강산에는 소나무, 느릅나무, 라임, 자작나무, 산벚나무, 떡갈나무, 도토리, 가문비나무, 밤나무, 산사나무, 버드나무 등 48종의 나무를 비롯해 매우 다양한 종류의 식물이 서식하고 있다. 숲 지대는

붉은소나무, 큰잎떡갈나무, 싸리나무, 진달래가 주를 이룬다.

지리학자인 헤르만 라우텐자흐(1942, 1945 & 1950)에 따르면 사찰의 손길이 미치는 내금강은 밀림으로 뒤덮여 있는 반면 북쪽은 산이 경사지고 화강암으로 구성되었고, 동쪽은 해안이고, 북동쪽은 농사를 지어 나지화(裸地化)되어 덤불을 이루고 있다고 한다. 일부 지역엔 소나무가 많이 서식하고 있지만 전반적으로 혼합림 지역이다.

내금강의 사찰들 근처와 안문재로 가는 길에 침엽수가 많은데, 라우텐자흐(1942)는 승려들이 잣을 재배하기 때문일 것이라고 추측한다. 금강산에 있는 측백나무는 길이가 6미터에 달하는데 한국에서 본 것 중 가장 크다고도 썼다. 그는 1933년 한반도를 종횡으로 1만 5천 킬로미터를 여행하면서 각 지역의 비교가 가능할 만큼 많은 경험을 쌓았다.

독일의 고등학교 교장 클라우트케가 1933년 발표한 짧은 논문에는 금강산에 서식하는 272가지 식물 이름들이 라틴어 알파벳순으로 나열되어 있고, 이름을 알 수 없는 수많은 종들도 포함되어 있어 금강산의 초목에 대해 가장 학술적인 정보를 제공하고 있다. 총 34종 중 22종이 한국에만 있는 새로운 종이라고 발표했는데, 이것은 한국 고유의 식물에 대한 과학적 분류 작업이 이뤄졌음을 말해 준다.

런던 첼시에 있는 왕립 외래식물원 묘목장의 운영자인 제임스 허버트 베이치(James Herbert Veitch, 1896)는 1892년에 금강산을 방문해 꽃을 분류해 놓은 자료를 남겼다.

그 외에 들장미(찔레), '주근깨 모양이 있는' 나리(참나리tiger lily), 산나리, 보라색 난초, 범의귀, 진달래, 과꽃, 앵초, 크로커스, 아이리스(붓꽃 또는 창포)와 바늘패랭이 등을 볼 수 있다.

많은 서양인들이 한국의 야생동물에 대해 다뤘지만 대부분 종류만 나열했을 뿐 서식지의 구체적인 위치를 기록한 경우는 거의 없다. 금강산은 거리가 멀고 사는 사람이 많지 않아 풍부한 야생동물에 대한 기록이 있지 않을까 기대했지만, 마찬가지로 종류만 나열돼 있다.

제임스 게일(1922)은 금강산에 사는 들개, 곰, 호랑이, 사슴, 여우, 토끼, 푸른색 쥐, 검은담비, 다람쥐, 수달, 야생고양이, 오소리 등을 한국식 이름으로 적었고, 골트슈미트는 거기에 표범을 추가했다.

네탕쿠르보브쿠르(1905)는 호랑이가 겨울에 유점사 주변 지역을 돌아다닌다고 썼다. 커즌은 1892년, 에밀 브라스(Emil Brass 1904)는 1904년, 게일(1922)은 1917년에 호랑이 흔적을 보았다고 기록했다. 브라스(4쪽)는 마하연 방문 당시, 전날 승려 한 명이 호랑이에 물려가 두려움에 떨고 있는 승려들을 만났던 경험을 얘기하며 호랑이가 여전히 있는 것이 틀림없다고 했다. 베이치(1896: 151쪽) 또한 두 명의 승려가 호랑이에게 잡혀갔다고 기록했다. 골트슈미트(1927)는 1925년에 한국 내에서 사살된 죽은 호랑이가 3마리뿐이라면서, 호랑이가 점차 사라지고 있다고 했다.

선교사로서 한국어에 능통했던 게일(1922)도 야생동물들을 조사했다. 곰은 매우 유순하고, 호랑이는 평소에 사람들을 피해 다닌다. 하지만 개보다 작은, 무리를 지어 사는 담비(tam-poi. 게일 33쪽, 브라스 11쪽에 묘사된 야생고양이 품종인 Felis microtis와 같은 동물)는 사나우며 심지어 호랑이를 공격하기도 한다. '호랑이 잡아먹는 담비'라는 설화도 있듯이, 호랑이를 위협하는 담비 덕분에 금강산이 살 만해졌다는 게일의 판단은 믿을 만하다.

해밀턴(1904 & 1905경)은 독일의 광산 채굴권 지역과 금강산 사이(금강산 북쪽에서 약 100km 떨어진 곳. 독일인 광산에 대해서는 겐테 1927: 119~138쪽 참조)에서 사슴과 꿩을 사냥했으며, 도중에 한국인 사냥꾼을 만나기도 했다.

대부분의 기록들이 금강산에 뱀이 없다고 얘기한 데 반해, 게일(1922)과 베버(1927)는 뱀을 보았다고 기록했다.

켐프(1911)는 꿩과 매를 길들여 사냥에 이용하는 매부리꾼를 만난 경험을 남겼다. 한번은 계곡을 지나는데 꿩과 줄무늬다람쥐 외에, 배가 반짝이는 주홍색에 검은 반점이 있는 작은 초록색 개구리를 봤다고 썼다.

스텐 베리만(1938 & 1944)은 조류학자였지만 동식물에 대한 언급 없이 여행기만 기록했다.

## 제3장

# 사찰과 사람들

### 금강산 사찰 개관

금강산 기행에 불교 사찰 이야기가 빠질 수 없다. 여행기를 남긴 서양인들도 예외 없이 장안사(長安寺), 표훈사(表訓寺), 유점사(楡岾寺), 신계사(神溪寺)의 4대 사찰을 이야기하고 있다. 작은 사찰들은 상대적으로 언급이 적고, 독립한 절인지 더 큰 절의 말사나 암자인지 분명치 않다. 그중 정양사(正陽寺)와 마하연(摩訶衍)은 서양인들의 여행기는 물론 겸재(謙齋) 정선(鄭敾, 1676~1759) 이래의 진경산수화(眞景山水畵)에서도 단골로 언급되는 작은 절들이다.

금강산의 사찰을 찾은 서양인은 다음과 같이 분류할 수 있다.

(1) 사찰에 관심 없는 사람들(오드리 해리스 1939, 루시언 스위프트 커틀랜드Lucian Swift Kirtland 1926)

(2) 비전문가들(베리만, 1938 & 1944). 절 이야기를 하며 이름 같은 기본적인 것들을 빼먹거나 틀리게 적는 것은 흥미가 없기 때문이다.

(3) 한국 불교 일반에 관심이 있는 사람들(커즌 1894 & 1924, 바츨라프 시에로셰프스키Wacław Sieroszewski 1908)

(4) 금강산의 사찰에 특별한 관심이 있는 사람들

가장 흥미로운 정보 제공자는 네 번째, 자신이 방문한 절을 구체적으로 기록한 이들이다. 사전 조사를 철저히 했고 현지에서도 조사를 게을리하지 않았다.

베리만(1938 & 1944)은 현대 관광 산업의 편리한 인프라를 적극 활용한 여행자로, 비록 글 솜씨는 부족하지만 여행하기 전 사전 조사를 게을리하지 않았다. 문제는, 이들이 절 이름을 제각각으로 표기했다는 것이다.

서양인들은 주요 사찰의 이름을 주로 한국어 이름의 로마자로 표기했다. 그런데 절 이름의 한자 독음이 한국어와 일본어에서 달랐다. 절(temple, ~사寺)과 암자(monastery, ~암庵)가 부정확하게 혼재하고, 사찰 내 전각과 당우들의 이름을 일본식 독음으로 적거나 뜻으로 번역해 적은 것이 뒤섞여 있다. 부정확한 정보 때문인 듯 사찰의 이름이 실제와 일치하지 않는 경우도 있다.

절 이름의 한국·일본 독음과 로마자 표기 예

| 사찰명 | 한국식 | 일본식 |
|---|---|---|
| 장안사(長安寺) | Chang-an-sa | 조안지 Choanji |
| 영원암(靈源庵) | Yungwun-am | 레이겐안 Reigen-an |
| 정양사(正陽寺) | Chung-yang-sa | 세이요지 Seiyoji |
| 표훈사(表訓寺) | Pyo-hun-sa | 효쿤지 Hyokunji |
| 보덕암(普德庵),<br>보덕굴(普德窟) | Potuk-am<br>(보덕암) | 후토쿠쿠쓰 Futokukutsu<br>(보덕굴) |
| 마하연(摩訶衍) | Maha-yun | 마카엔 Makaen |
| 유점사(楡岾寺) | Yu-chom-sa | 유센지 Yusenji |

실제 절 이름과 일치하지 않는 표기

| 사찰명 | 근사한 표기 | 틀린 표기 |
|---|---|---|
| 영원암 | Yungwun-am (게일 1922: 8쪽) | Lyongnoman 룡노만(럼 1936: 113쪽) |
| 표훈사 | Pyo-hun-sa (베이치 1896: 149쪽) | Pi-youn-sa 피윤사(팡주 1904: 28쪽) |
| 장안사 | Chang-an-sa (게일 6쪽),<br>Tschanganssa (겐테 1927: 154쪽) | Tchang-hane-sa 창한사<br>(부르다레 1904: 343쪽) |

이러한 소통의 어려움으로 각 여행기에 나타난 절 이름뿐만 아니라 불교 용어도 천차만별이다.

사찰 통계 표에서는 두 가지 점에 유념해야 한다. 첫째, 4대 사찰을 제외한 사찰·암자 수에 차이가 나는 것은 실제 숫자가 줄었다기보다, 사찰과 암자를 정의하는 과정에서 생긴 차이일 수 있다. 둘째, 숫자는 대부분 추정치로 판단된다. 자료는 주로 사찰의 주지 승들에게서 나왔는데, 이들은 정확한 수에 관심이 없어 대략적으

서양인들이 여행기에 소개한 사찰 통계

| 출처 | 사찰·암자 수 | | | 승려 수 | | | |
|---|---|---|---|---|---|---|---|
| | 계 | 대 | 소 | 계 | | 주요 사찰 | |
| | | | | 남승 | 여승 | 남승 | 여승 |
| 비숍(1898: 162쪽) | 42 | 4 | | 400 | 50 | 300 | |
| 해밀턴(1904: 86쪽) | 34 | 4 | | 300 | 60 | 170 | 60 |
| 부르다레(1904: 346쪽) | | | | 400 | 50 | | |
| 겐테(1905: 190쪽)* | 34 | 4 | 30 | 300 | 50 | | |
| 커즌(1924: 370쪽)** | 40 이상 | | | 443 | 85 | | |
| 베버(1927: 3쪽)*** | 34 | 4 | 30 | | | | |
| 라우텐자흐(1942: 450쪽) | 25 | 4 | 21 | 210 | 30 | | |

* 1902년 자료에 근거
** 1914년의 수치를 일본 통계 자료와 〈내셔널 지오그래픽〉을 근거로 언급
*** 겐테의 기록에 근거함. 베버는 철저하게 자료를 조사하고 연구하는 학자나 논평가보다 아티스트이자 내레이터에 가까워, 스스로 글을 쓰기보다 타인의 저서 인용을 즐긴 편이다. 금강산 기행도 전반적으로 겐테의 기록을 바탕으로 했다.

로 알려 줬다. 예를 들어 금강산에 거주하는 비구니 숫자도 1898년(비숍) 50명에서 1904년(해밀턴)에 60명으로 늘었다가 1년 만인 1905년(겐테)에 다시 50명으로 줄어들었다기보다, 통계가 정확하지 않은 탓으로 보아야 한다.

남녀 승려 수에는 정식 승려인 비구·비구니뿐 아니라 아직 계(戒)를 받지 않은 사미·사미니는 물론 행자(行者) 수도 포함되어 있다. 장안사에서 비숍(1898)은 100명의 남승과 20명의 여승을 보았고, 겐테(1905)는 남승 100명을, 해밀턴(1904)은 남승 20명과 여승 10명을 보았다고 했다. 베리만(1938 & 1944)은 50명의 남승을 보았다. 비숍은 표훈사에서 남승 50명을, 유점사에서는 남승 70명과 여승 20명을 보았고, 해밀턴은 유점사에서 "남승 50명과 여승 12명, 그리고 아직 승려가 되지 못한 8명의 소년"을 보았다고 썼다. 베버(1927)는 40명의 승려가 있다고 얘기했다.

이 숫자들은 거의 모두 저자들의 자의적인 관찰을 통해 나온 것이다. 특히 해밀턴의 기록에 장안사 승려의 수가 유독 적은 이유는, 절 밖에 거주하는 비구·비구니와 탁발이나 운수행각 중인 장안사 승적의 승려를 포함시키지 않았기 때문이다.

사미(니)와 행자를 포함한 승려의 수를 사찰이나 암자에 거주하

+ 해밀턴(1904)이 촬영한 장안사 주지(왼쪽)와 유점사 주지 일행

는 사람 숫자와 혼동해서도 안 된다. 사찰이나 암자에는 승려뿐 아니라 일반 불자와 불목하니들도 거주했기 때문이다. 베버(1927: 36쪽)는 샌더스 소령이라는 한국 주재 미국인 무관의 말을 인용하여, 승려들이 절의 토지를 직접 경작하지 않고 소작인에게 맡긴다고 기록했다.

비숍(1898)은 유점사에 남승 70명, 여승 20명, 일반인 200명과 목수들이 있고, 일반 불목하니는 금강산 전체에 총 1천 명 정도 있다고 기록했다. 베버(1927)는 비구 대부분이 결혼을 한 대처승이고 심지어 처를 여럿 두기도 했는데, 처들은 절에 함께 살 수 없고 어느 정도 떨어진 곳에 거주한다고 기록했다. 따라서 금강산에 거주한 사찰 관련 사람들의 실제 수는 표의 통계보다 훨씬 많았을 것이다.

## 금강산 주요 사찰

제임스 비셋 프랫(James Bissett Pratt 1928)에 따르면 금강산은 농사를 지을 수 있는 경작지가 거의 없어 마을이라고는 3곳이 전부다. 승려들이 거의 유일한 주민인데, 이 아름다운 곳에서 격리된

+ 스타(1918)가 촬영한 유점사 원경

+ 스타(1918)가 촬영한 유점사 부도밭

채 살아간다. 이곳의 절들은 봉우리나 폭포들보다 유명한, 금강산의 명물이다.

겐테(1905)는 불교가 흥성한 시기 금강산에 수천 명씩의 승려가 거주하는 사찰이 100개 이상 있었다고 하는데, 이는 명백히 과장된 수치이다.

### 장안사

서양인들은 장안사를 '영원한 안식의 절'이라 번역했다. 장안사는 백천동 계곡 남쪽 끝에 위치해 있다. 단발령을 지나 금강산으로 들어가는 관광객들이 가장 먼저 만나게 되는 절이다. 장안사로 들어가려면 특이하게도 궁궐이나 능원(陵園) 등에나 있는 홍살문을 지나야 하는데, 이것은 왕실 수호와 충절을 상징한다.

장안사를 글에서 처음 언급한 것은 1892년 금강산을 방문한 커즌 경(1894)이지만 그의 기록은 소략하다. 비숍(1898)에 따르면 장안사는 크고 작은 전각과 당우들로 구성되어 있고, 법회를 열 수 있는 마당과 불단, 종(鐘)과 경판을 보관하는 전각이나 곳간, 여행객들의 말을 먹일 마구간, 법당과 암자와 요사채, 행자와 불목하니들의 숙소, 공양간, 내빈 숙소, 비구니들이 거처하는 곳, 그리고 장애인·고아·과부·빈자들이 거처하는 곳 등이 있었다.

+ 토머스 쿡 여행안내서(1920)의 장안사 법당 천장

+ 베버(1927)의 장안사 범종각

겐테(1905)는 장안사 경내에 12채 이상의 당우들이 있다고 했다. 요사채, 공양간, 마구간, 그 밖의 방들이다.

게일(1922)은 1917년 9월 28일의 기록에서 장안사의 전각들을 일일이 열거했으나, 이름을 음역해 쓰는 대신 '~전(殿), ~각(閣), ~루(樓)'를 Hall, Temple, Pavillion 등으로 번역해 썼다.

가. 메인 홀(대웅보전. 중앙에 석가여래와 우 약사여래, 좌 아미타불 탱화가 걸렸다.)

나. 4명의 성자를 모신 템플(사성지전. 비숍 1898: 156쪽도 이곳을 찾았다. 해밀턴 1904: 87쪽은 '네 현자들의 전당'이라 했다.)

다. 바다 빛 템플(해광전)

라. 산스크리트 왕 대형 누각(범왕루)

마. 열반 홀(극락전)

바. 요정 대형 누각(신선루)

사. 바다 그늘 대형 템플(어향각으로 추정)

아. 진리 누각(반야각)

자. 큰 향로 대형 누각(대향각)

차. 작은 향로 대형 누각(소향각)

카. 황천 홀(명부전. 비숍은 이곳을 "불교에서 말하는 염라대왕과 시왕十王,

+ 베버(1927)가 촬영한 건봉사 보문암의 노(老)비구니

+ 베버(1927)가 촬영한 건봉사 보문암의 행자들

즉 열 명의 판관에게 헌정된 곳"이라고 했다.)

타. 비로 홀(비로전)

파. 왕의 장수를 비는 템플(불명)

하. 그 밖에 만세루, 신선문, 종각 등

**표훈사와 보덕암**

표훈사는 내금강 위쪽 만폭동 계곡과 아래 백천동 계곡의 경계쯤에 위치해 있다. 서양인들은 표훈사를 '믿음의 절'이라고 번역했다. 서양의 많은 여행가들이 표훈사를 방문했지만 대부분은 잠시 머물렀고, 베이치만 하루를 묵었다. 장안사에 비해 기록이 많지 않은 것은 그 때문이다.

베이치(1896)는 표훈사를 설명하는 데 캠벨 부영사의 보고서(1892)를 인용했는데, '사성전'은 장안사의 것을 혼동한 듯하다.

> 이 절에는 여섯 채의 건물이 여기저기에 흩어져 있다. 대표적인 건물은 사성전(Sä-Säing-Chön, 현자 4인의 홀)이라는 명칭으로 불린다.

커즌(1894 & 1924)은 벽에 훌륭한 그림이 그려져 있다고 했고, 겐

+ 베버(1927)가 촬영한 정양사 법당 외벽의 탱화들

테(1927)는 표훈사가 장안사보다 작지만 더 부유하고(베버 1927: 36쪽에 인용한 샌더스 소령의 말. 샌더스는 1907년 서울에서 장안사 스님을 만나 금강산과 장안사에 대해 흥미로운 이야기를 많이 들었다고 베버에게 전했다) 건물 상태도 좋았다고 말했다.

그러나 커즌(1924: 371쪽)은 1892년에 방문했을 때 아무도 살지 않고 있다고 했고, 게일(1922)도 표훈사의 건물들이 방치되어 있는 듯하다고 기록했다.

벼랑에 매달린 듯한 보덕암은 표훈사 앞에 있는 암자로 4~5명의 비구니가 살았다.

겐테(1927)는 판영암(불명)에서 3명의 비구니를 만난 일을 기록에 남겼다.

### 정양사

정양사는 표훈사의 북쪽 산등성이에 있다. 많은 서양인들이 이곳을 방문했지만 사찰보다는 금강산의 한가운데에서 풍경을 보는 게 목적이었다.

게일(1922)은 이곳에 '위대한 의술의 부처'인 약사여래를 기리기 위해 세워진 육각평면으로 지은 약사전과 '쉼의 장소', '빛나는 대형막'이라고도 불리는 헐성루(Heul-sung Noo)에 대한 기록을 남겼

+ 스타(1918)의 유점사 능인보전(위)과 화려하게 조각한 문살

는데, 이곳에서 보는 풍경이 장관이라고 했다.

### 마하연

커즌(1894)은 마하연의 위치만 적어 놨다.

비숍(1898)은 장안사에서 유점사로 가는 길에 마하연을 지나갔지만 따로 설명하지는 않았다.

팡주(1904)와 네탕쿠르보브쿠르(1905)는 함께 여행하면서 마하연에 하루 머물렀는데, 작은 방에서 먹은 음식과 예불 분위기에 대해 설명했다.

겐테(1905)에 따르면 마하연은 매우 작은 절로 두 채의 건물이 있고 사람이 몇 명 살았다.

게일(1922)은 금강산을 상세히 묘사했지만 마하연만은 예외로, '마하연 선원'이라고만 적고 지나쳤다.

베버(1927)는 주요 사찰과 달리 마하연에는 법당이 없고 스님들이 기거하는 건물만 있다고 기록했다.

### 유점사

커즌(1892)은 유점사가 금강산의 가장 큰 사찰이며 22채의 당우가 있다고 설명했다.

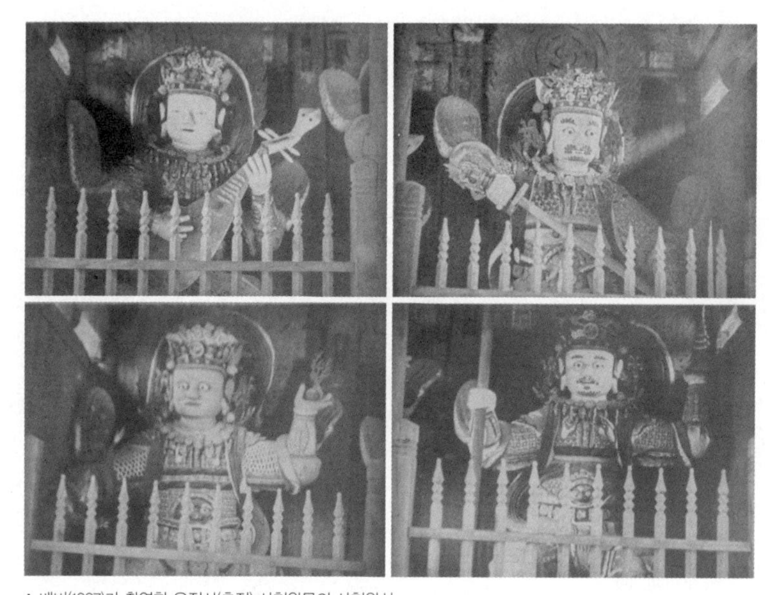

+ 베버(1927)가 촬영한 유점사(추정) 사천왕문의 사천왕상

비숍(1898)은 탑 안에 단독으로 서 있는 14세기의 청동 방울이 있고, 거실과 작은 독방 여러 개, 각 거주자의 불당이 있으며 모두 상태가 좋다고 썼다.

해밀턴(1904)에 따르면 유점사는 장안사처럼 급류가 떨어질 때 나는 천둥소리 같은 굉음이 없어 엄숙하고 건물도 더 많았다.

겐테(1905)는 '유센지'가 지금껏 방문한 동아시아의 불교 사찰 중 가장 매력적이고 절경을 품고 있는 곳이며 금강산의 절 중에서도 압권이라고 극찬했다. 금강산 동사면 위쪽에 숨어 있는 유점사는 접근이 힘들고, 경내에는 30여 채의 건물이 있는데 그중 18채가 법당과 불당이었으며 주요 전각으로 연화사(蓮花社)를 언급했다.

게일(1922)은 비구니들이 쉬는 공간인 이유암(尼遊巖)이 유점사 창건 설화와 연관이 있다며 절의 부속 건물로 보았다.

카펜터(1926)도 1896년 이전에 유점사를 방문한 것으로 보인다.

베버(1927)가 유점사에서 머무른 방은 주요 전각에서 약 10미터 아래에 있었다. 여울로 두 곳이 나뉘어 지붕이 있는 다리를 건너가야 했고 시붕 옆에는 물레방아가 있었다. 그는 사찰 내 전각 22채를 열거했는데 그중 9개는 법당과 불당, 나머지는 요사채 여럿과 종루, 그리고 작은 박물관이다.

클라우트케(1933)는 유점사에 포함된 또 하나의 건물로 '반약

+ 유점사(추정) 승려의 예불 모습(베버 1927)

(Pan-yak)'을 언급했는데, 베버(1927: 73쪽)도 같은 이름을 인용했다. 1892년에 이곳을 찾은 커즌의 '판양'(불명)과 동일한 곳으로 보인다.

프레드릭 셰이블러 밀러(Frederick Scheibler Miller, 1896: 197쪽)와 게일(1922)은 유점사 승려들이 장안사보다 호의적이지 않자 서둘러 그곳을 떠났다. 비숍(1898) 또한 유점사 승려들이 장안사 승려들보다 덜 호의적이라고 했다.

### 신계사

해밀턴(1904)은 20명의 비구니가 거주하는 문사암(불명)을 신계사의 부속 건물로 기록했다.

게일(1922)은 신계사가 끝없는 언덕 사이에 위치해 있지만 금강산에서 가장 접근하기 좋은 절로 "어떤 면에서는 가장 매력적"이라고만 하고 더 이상의 언급이 없다.

베버(1927)가 인용하는 샌더스 소령은 1907년 서울에서 장안사 스님에게 들었다며 '신케이지(신계사)'가 금강산 사찰 중 가장 번화하다고 한 반면, 해밀턴(1904)은 신계사를 '작은 사찰'이라고 했다. 게일과 베버는 다른 부속 암자로 보광암이 있다고 언급했다.

하지만 서양인들은 신계사 승려들의 불친절함과 험난한 위치, 건물 등에 실망을 금치 못했다.

+ 신계사 3층 석탑 앞에 선 방장(오른쪽, 스타 1918)

## 금강산 사람들

### 마을들

조선은 유교 국가이며 엄격한 계급 사회였다. 금강산에 양반 계층이 살았다는 기록은 찾아볼 수 없다. 여러 여행기에서는 공통적으로 승려들의 평판이 별로 좋지 않고 하층민에게도 하대당할 정도로 낮은 취급을 받았다는 기록이 있다. 또 동자승들은 대부분 고아와 버려진 아이들, 다른 직업을 가질 가능성이 거의 없는 사회의 낙오자들이었다. 조선시대 승려의 지위는 상민보다 낮고 천민에 가까웠다.

프랫(1928)은 금강산 일대에 마을이 2~3개뿐이라고 말했다. 그 중 한 마을은 내금강 장안사의 하류 쪽에 있었다. 게일(1922)은 짐을 실은 조랑말을 짐꾼으로 대체하기 위해 그 마을에서 사람을 고용했다. 팡주(1904)와 해밀턴(1904 & 1905경)이 하루 머물렀다는 갈간리의 오두막집이 이 마을이었을 것으로 추측한다.

금강산의 주요 마을 중 하나는 해금강 근처의 온정리이다. 초기 여행자들은 금강산의 경치와 불교 사찰들에만 관심이 있었고, 온정리가 주목받은 것은 일본에 의해 온천 관광지로 개발된 후의 일이다.

+ 신계사 보광암의 승려들(위)과 산신도(스타 1918)

항구를 끼고 있는 고성은 유점사 창건 설화 속 53불(佛)과 관련 있고, 1489년 이원(李黿, ?~1504)이라는 선비가 쓴 「유금강록(遊金剛錄)」에도 언급된다. 게일(1922: 44쪽~ )은 이원의 글 일부를 번역해 소개하고 있지만 대부분의 서양인들은 고성을 주목하지 않았다.

이상의 마을들은 금강산 주변에 위치하고 있지만, 특별한 것에 관심이 있던 서양인들은 이 작은 마을들에 대한 기록을 거의 남기지 않았다. 유점사 근처에 정착해 감자를 재배하는 농부 20명은 예외로, 상세 기록이 남아 있다.

금강산 일대의 행정은 외곽에 위치한 회양과 주변 마을들에 집중되었다. 베이치(1896)는 회양에서 지방 관리와 오랜 이야기를 나누었다고 썼다.

금강산을 찾은 길에 고성 북쪽, 원산 가기 전에 있는 안변의 석왕사까지 둘러본 서양인들이 있지만, 석왕사는 금강산의 일부는 아니다.

### 사람들

금강산에 거주하는 사람들은 승려들과 절에 종속되어 일하는 불목하니들(비숍은 이들을 일반 하인이라고 불렀다)이 대부분이었다. 사찰을 관리하는 승통(僧統, 주지)은 승려들이 선출했고 임기는 1년이었다. 승통 선출에는 국왕의 재가가 필요했다. 승통은 사찰 전반에 대한 관할권과 공식 허가권을 가졌고, 작은 마을의 관리처럼 사람을 매질하거나 추방할 권한을 가졌다. 더 강력한 형벌이 필요한 사건들은 지역 관리에게 보고했다.

금강산 불교와 사찰들을 호의적으로 평가한 대표적인 인물은 커즌(1894 & 1924)이다. 그러나 승려들에 대하여는 "승려의 대부분은 경건함의 겉치레도 찾을 수 없었다. 누추한 망나니들이었고 일부는 극악무도한 범죄자들이기도 했다"고 신랄하게 비판했다. 그는 장안사에서 돈과 시계를 도둑맞아 주지승을 신고해 감옥에 넣으려고 했다.

윌리엄 밴턴 스크랜턴(William Benton Scranton 1897)은 한국의 불교 사찰들이 쇠락의 길로 가고 있지만 유점사는 예외라고 했다. 그는 승려들이 무지하지만 믿음이 좋고 열성적이며 참선을 게을리하지 않는다고 강조했다.

비숍(1898)의 금강산 여행 때는 장안사의 승려들이 표훈사와 유점사까지 동행했다. 게일(1922)이 표훈사에 갔을 때도 그곳 주지승이 정양사 방문을 제안했다. 이로 보아 당시 사찰들 사이 관계는 평화롭고 협조적이었던 것으로 보인다.

부르다레(1904)는 금강산 승려들이 다른 지역 승려들보다 똑똑

하다고 했다.

밀러(1896)는 장안사에서 짐을 운반할 수레 4대의 삯으로 상당한 돈을 지불했는데 한 승려가 그 돈을 훔쳐 도망갔다고 한다. 켐프(1911) 역시 불교 수도승들은 욕심이 많은 것으로 알려졌다고 기록했다.

하지만 많은 서양인들은 장안사 승려들의 환대에 감동했다. 삶을 대하는 엄숙한 태도, 살생을 금하고 채식을 철저하게 지키며 노인과 가난한 이들을 돌보는 승려들의 선행에 존경을 표했다. 사찰의 아름다움과 그곳에서 바라본 금강산의 절경에 매료됐고, 승려들이 당우들을 보존하기 위해 기울인 많은 노력에도 감탄했다. 절의 채식 위주 식단이나 범종과 법고, 목어와 운판이 울리는 저녁 예불 등도 불교도들의 삶의 일부로 존중했다.

### 53불 도난사건

게일(1922: 36쪽)에 의하면 유점사는 가장 높은 가치를 가진 53불상 중 17구를 1914년에 도둑맞았다고 한다. 일리저베스 코츠워스(Elizabeth Coatsworth, 1919: 19쪽)도 이 절도사건을 자세하게 기술하면서 사건이 1918년에 일어났다고 추정하는데, 이 추정은 부정확한 듯하다.

남은 불상들을 지키는 사람들은 불안할 수밖에 없었다. 순사들이 1917년 10월 2일 마하연 근처와 10월 10일 신계사 근처에서 용의자 몇 명을 체포했다. 게일은 마하연 근처에서 잡힌 사람들을 "가장 운 나쁜 사람들"이라고 표현했다. 이들은 남루한 옷차림에 머리가 헝클어진 모습이었다고 설명했다. 10월 10일 비로봉 근처에서 잡힌 사람들은 6명의 남성과 3명의 여성들로 매우 고약한 냄새가 났다고 표현했다. 다른 서양인들의 문헌에서는 나오지 않는 내용인데, 이 사람들은 아마 정치적이나 그 밖의 이유에서 본거지를 떠나 산에 살 수밖에 없는 사람들이었을 것이다. 여성과 노인들이 포함됐다는 사실이 이 같은 가설에 신뢰를 더한다.

## 금강산의 경제적 가치

### 사찰과 주변의 농사

금강산에 거주하는 승려들은 엄격한 불살생 계율에 따라 고기를 비롯해 계란, 우유 등 모든 동물성 식품 섭취를 금했으므로 소, 돼지, 양, 닭 등의 가축을 기르지 않았다. 당연히 사냥도 하지 않아 금강산은 야생동물의 천국이었다.

역사적으로 사찰의 재산은 토지를 하사받거나 시주로 받은 데서 시작됐다. 조선 초기에 불교 사찰들이 많은 토지를 몰수당했지만 금강산의 큰 사찰들은 여전히 일부 땅을 소유했고 거기서 일정한 수입을 얻었다. 사찰들은 드넓은 토지를 소유했지만 스스로 경작하지 않고 농민들에게 소작을 주었다. 소작료로 장안사는 1년에 쌀 400섬까지 받았고 표훈사는 600섬, 신계사는 800섬, 유점사는 1,400섬을 받았다. 논밭은 대부분 금강산 외곽에 있었고 동해변에도 일부 있었다.

많은 서양인들이 사찰 근처에서 채소를 재배하는 승려들을 목격했다. 몇몇 서양인들은 승려들이 직접 수확한 잣과 꿀을 넣은 떡을 대접받기도 했다.

다른 지역에 비교해 금강산의 숲들은 상태가 좋았고 관리도 잘 돼 있었다. 목재가 많이 필요한 사찰에 숲은 소중한 자산이었다. 대부분의 사찰은 목조 건물이라 겨울의 눈서리와 초여름의 습기, 여름 끝자락의 덥고 건조한 날씨에 취약해 보수 공사가 잦았다. 일부 전각의 상태가 좋지 않았고(신계사, 해밀턴 1904: 97쪽) 공사 중인 곳도 있었다는 서양인들의 기록이 있는데(겐테 1927: 185쪽은 마하연을 언급했고, 비숍 1898: 159쪽은 표훈사가 최근에 재건되었다고 기록했다. 밀러 1896: 101쪽은 장안사와 유점사가 그렇다고 했다) 놀라운 일은 아니다.

### 사찰 숙박료

금강산은 뛰어난 경관뿐 아니라 기도하고 참선할 수 있는 장소로도 유명했다. 겐테(1927)는 한국인들이 훌륭한 경치를 향한 열망이 대단하다고 했다. 커즌(1894 & 1924)도 "지구상의 어떤 사람들도 한국인들처럼 아름다운 경치를 보고자 하는 열망에 차 있는 사람들은 없다"고 말한다.

이사벨라 비숍(1898)이 장안사에 도착했을 때 조선인 참배객과 일반 방문객 100여 명이 그곳에 머물고 있었고 절은 그들에게 숙소와 음식을 제공했다. 절은 그 대가로 돈을 요구했다.

게일(1922)은 1917년 방문했을 때 장안사에 지불한 값이 싸서, 두 배 정도 더 비싸도 될 것 같다고 느꼈다.

커즌은 1892년 금강산 북쪽 안변의 석왕사에서 색다른 체험을 했는데, 주지승이 방문객들이 주는 1원으로는 부족하다며 두 배 정도 더 받아야 된다는 생각을 하고 있다고 적었다. 이 금액은 정부에서 제한한 것이었다.

### 시주

승려들은 여러 달 동안 전국을 돌며 시주를 받아 수입을 늘렸다. 승려는 신분이 낮았지만 사적으로는 여전히 많은 사람들에게 존경

받았다.

금강산 사찰을 찾는 신자들은 시주를 바치고 조상들을 위한 재(齋)를 올리기도 했다. 승려들은 금강산 바위에 방문객의 이름을 새겨 주고 돈을 받기도 했다.

### 근대 관광 산업

일제강점기에 일본 철도회사가 금강산을 관광지로 개발했다. 온정리를 시작으로 장안리까지 신작로가 놓이고, 치안과 통제를 위해 지역마다 경찰 지서가 들어섰다. 지명도 온세리(온정리), 조안지(장안사) 등 일본식으로 바뀌었다.

1920년에 출간된 영국 토머스 쿡 여행사의 가이드북은 온정리를 "우체국, 경찰서, 일본식 여관 4곳, 조선식 여관 4곳, 작은 상점 여럿이 있는 마을"이라고 묘사했다. 일본 철도회사가 두 곳에 서양식 호텔을 지은 후로 조안리(장안리)는 서양인들에게 "고찰(古刹)이 있는 마을"로 알려졌다.

외금강의 유점사와 금강문에는 관광객이 숙박할 수 있는 여관과 장식품을 파는 상점들이 생겼고, 양진 근처 바닷가에도 호텔이 지어졌다. 철도회사는 금강산을 개방해 많은 관광객을 유치했다. 대부분 일본인과 한국인이었지만 서양인들을 위한 시설들도 생겼

+ 금강산 전경을 담은 일본 그림엽서(골트슈미트 1927)

는데, 노르웨이 산악 별장을 모델로 한 온정리여관과 장안사호텔, 독일 바이에른의 주택을 모델로 한 구메(久米, Hütte) 등이다. 영어로 제작된 관광 책자(베버 1927: 108쪽. 1906년 일본 당국의 금강산 안내서)와 엽서 세트 등도 판매했다. 1942년에는 장안사를 자동차로 갈 수 있게 되었다.

서양어로 쓰인 초기의 한국 관광 책자들에는 대부분 금강산이 빠져 있다가, 호텔과 서양식 여관이 생긴 후 금강산이 포함되기 시작했다. 피셔(1928)는 금강산 관광 시즌이 여름이어서 겨울에는 호텔을 운영하지 않지만 온천은 사계절 이용할 수 있다고 했다.

### 광업과 임업

게일(1922)과 라우텐자흐(1942, 1945 & 1950)는 텅스텐 광산과 벌목소를 언급했다. 텅스텐 채굴은 비로봉 북쪽에서 시작됐다(게일, 31쪽). 게일은 그곳에서 광석을 훔쳐가는 사람들을 보았다고 했다. 벌목꾼을 본 라우텐자흐는 이들이 마차의 바퀴 축에 쓰는 단단한 박달나무를 찾고 있었다고 했다(1942: 451쪽).

제4장

# 금강산의 전설

금강산 전설은 수많은 설화들이 얽히고설켜 형성되었다. 비교적 최근에 만들어진 이야기는 임진왜란과 관련된 '호랑이바위' 전설이다.

19세기 즈음 서양에서는 전설로 역사를 설명하려는 노력이 한풀 꺾이고 그리스와 기독교 전통의 역사 자료가 전설을 대체했다. 동아시아에서도 유교적 세계관이 담긴 이야기들이 불교적 전설을 대체하기 시작했다. 금강산은 전설의 마지막 도피처였던 것이다.

서양인들에게 금강산은 '잠자는 숲속의 공주' 이야기의 배경과도 같은 곳이었다. 자연법칙을 거스르는 기이하고 독특한 경치들이 그런 느낌을 더욱 굳게 했다.

승려들은 서양인들에게 만폭동 계곡의 연못과 폭포마다 얽힌 이야기를 해 주었다. 게일(1922), 베버(1927), 럼(1936) 등이 이런 전설을 수집했다. 그중에서도 럼은 유독 전설을 모으는 데 열심이었고, 번역하기 힘들거나 출판할 길이 없는 흥미로운 전설들을 남겨두고 떠나야 한다는 데 매우 아쉬워했다. 베버는 자신이 들은 것보다 훨씬 더 많은 전설이 있을 것이라고 추측했다. 베이치(1896)도 모든 바위와 연못마다 이야기가 담겨 있다고 적었다.

### 금강산의 탄생

금강산 자리에 일곱 개의 산이 있었는데 모두 바다 속에 묻히고 하나만 해수면 위에 남았다. 신들은 이 산을 보호하기 위해 구멍을 뚫고 홍수가 났을 때 구멍에 밧줄을 넣어 당겨서 산이 더 파괴되는 것을 막았다(럼 1936: 122쪽)

### 53불과 아홉 마리 용

인도에서 부처 53구가 배를 타고 한국으로 왔다. 한반도 동해안에 도착하자마자 배가 뒤집혀서 가까스로 뭍으로 빠져나와 구름을 타고 목적지로 향했다. 그곳은 아홉 마리 용이 사는 연못이었다.

부처들은 용들에게 이곳을 떠나라고 했지만 용들은 거절하고, 대신 싸워서 지는 쪽이 떠나자고 하며 비를 동반한 거대한 회오리바람을 일으켜 느릅나무를 뿌리째 뽑았다. 그 모습을 조용히 보고 있던 부처들이 불 화(火)자를 써서 연못에 던지니 물이 끓기 시작하더니 김이 하늘까지 닿아 팔만 사천 지옥 중 하나가 나타났다. 결국 부처들을 이기지 못한 용들은 날아간 후 다시 돌아오지 않았다.

고성의 촌장 노춘(盧偆. 盧椿으로도 쓰며, 고성 또는 안창의 관리라고도 함)은 환상을 보았다. 불법을 전하러 인도에서 53구의 부처가 오실 터이니 세속을 버리고 그들을 도우라는 계시를 받은 것이다. 노춘이 도착해 보니 53구의 부처가 뿌리 뽑힌 느릅나무의 가지 위에 앉아 있었다. 노춘은 이곳에 절을 세우기로 했다. 바로 '느릅나무 절' 유점사다.

용들이 떠난 후 연못 물이 끓어오르고 산봉우리가 엉망이 되면서 지금과 같은 기암절벽으로 변했다. 산에 구멍이 생긴 것은 용들이 도망가면서 남긴 흔적이다. 용들은 마하연 근처 동굴에 머물다가 신계사 근처 폭포에 정착했다. 그때부터 이곳을 구룡폭포라고 부르게 됐다.

### 노춘과 아내

53불의 계시를 받은 노춘은 부인과 함께 나섰는데, 이와 관련해 몇 가지 다른 버전의 이야기가 전한다.

하나는 구름을 타고 온 부처들을 노춘이 앞장서 안내했다는 전설이다.

그러나 다른 이야기에서는 부처들이 이미 떠나고 없어 노춘은 해안에서 부처들을 만나지 못했다. 그때 문수보살이 나타나 노춘에게 방향을 알려 주었고, 노춘은 개와 노루의 인도를 받아 부처들의 흔적을 좇아갔다. 유점사에서 신계사로 가는 길에 만나게 되는 개잔령(개재)과 노루목 등이 여기서 유래했다.

그때 큰비가 내리니 노춘의 아내는 빨래를 널어 놓은 것이 생각나 집으로 돌아갔는데, 세속을 버리라는 명령을 어겼으므로 아내는 사라졌다. 노춘은 혼자 계속 걸어(말을 탔다고도 한다) 연못에 도착해, 용을 몰아내고 느릅나무에 앉아 있는 53구의 부처를 만났다. 그다음은 앞의 '53불과 아홉 마리 용' 전설과 이어진다.

53불과 노춘 전설은 금강산 불교가 인도에서 직접 바다로 전래했다는 해전설(海傳說)을 바탕에 깔고 있다. 그러나 서양인들은 한국의 불교가 티베트나 중국을 거치지 않고 인도에서 바로 들어왔다는 것을 믿으려 하지 않았다.

1489년에 금강산을 여행하고 「유금강록」을 쓴 이원(李黿)은 동물이나 부처가 그렇게 인간처럼 행동할 수도 없고 그러지도 않았을 것이라며 전설을 일축했다. 스크랜턴(1897)은 노춘이 가파르고 거대한 바위투성이 길을 말을 타고 달렸다는 것을 믿을 수 없다고 했다.

### 석봉과 명경대

지옥을 다스리는 염마왕(엔마오閻魔王, 염라대왕)은 거울을 통해 땅 아래서 일어나는 모든 일을 볼 수 있었는데, 금강산 입구에도 거울을 하나 두었다. 모든 죽은 이의 영혼은 이 거울 앞을 지나가야 하는데, 그러면 거울에 생전의 행적이 남김없이 비추어 거짓말을 할 수 없다. 죄가 없는 사람은 그대로 지나갈 수 있지만 그렇지 않은 사람들은 지하 세계에서 살아야 한다.

어느 날 석봉스님이 입적했는데, 죄가 없는데도 지옥으로 가게 되었다. 지옥 시왕(十王)은 거울을 보고 석봉이 입적할 때가 아직 되지 않은 것을 뒤늦게 알고 다시 세상으로 돌려보냈다. 살아 돌아온 석봉은 두 명의 중과 함께 거울을 찾아냈는데, 그곳이 명경대이다.

### 흑사굴과 황사굴

명경대 아래쪽에는 흑사굴과 황사굴이라는 두 개의 굴이 있다. 매우 깊어 누구도 그 바닥을 볼 수 없다. 흑사굴에는 거대한 검은 뱀이 3천 년 동안, 황사굴에는 황색 뱀이 천 년 동안 갇혀 있었다고 한다.

게일(1922)은 '황색 그늘 연못'(황천담)을 언급했지만 관련 전설은 기록하지 않았다. 그에 따르면 한국인들은 연못을 보며 자신의 조상을 언제 어떻게 한번 만날 수 있는지 묻는다고 했다.

### 삼일포

신라의 영랑, 술랑, 안상, 남랑이라는 사선(四仙, 네 명의 화랑)이 이곳에 왔다. 그들은 한곳에 사흘 이상 머무르면 안 되었는데, 호수 위에 있는 작은 절에서 바라본 금강산 풍경에 푹 빠져 날이 가는 줄을 몰랐다. 나흘째에야 이를 알아차렸지만 너무 늦어 호수에 빠졌다. 그래서 이곳 이름을 삼일포라고 부르게 됐다.

### 정양사의 착한 중 한 명과 못된 중 999명

7세기에 창건한 정양사는 왕족의 시주로 부유해졌지만 스님들은 점점 사악해졌다. 천 명의 승려 중 착한 이는 단 한 명뿐이었다.

어느 날 착한 중의 꿈에 나이든 여성이 나타나, 위험이 다가오니 안전한 곳으로 도망가라고 경고했다. 그 예언에 따라 착한 중이 도망간 다음 날 정양사에 산사태가 나서 999명의 못된 중은 모두 땅에 묻혔다.

### 영원암

영원(靈源)이라는 젊은 중이 금강산 한 봉우리에서 7년을 수행했다. 스스로 만족하지 못한 그가 수행을 포기하고 하산하다가 명경대에서 낚시하는 노인을 발견했는데, 노인의 낚싯대엔 바늘이 달려 있지 않았다. 그러고도 고기가 잡히나 묻자 노인은 "십 년간 노력하면 불가능한 것이 없다"고 대꾸했다. 영원은 수행을 포기한 것을 부끄러워하며, 부처가 노인의 모습으로 나타나 자신을 일깨워 준 것이라 여겼다. 다시 수행에 정진한 그는 3년 후 깨달음을 얻고 암자를 짓고 자신의 법명을 따 영원암이라 했다.

### 보덕암과 관음 진신

표훈사의 중 하나가 관세음보살을 자기 여인으로 삼고 싶은 간절한 소망에 관음을 찾아 나섰다. 작은 시골집에 사는 아름다운 소녀를 만나 그 아버지에게 결혼을 청했고 아버지는 허락했지만, 소녀는 중이 절에 있어야 하듯 자신은 관세음보살이니 결혼할 수 없다고 거절했다. 말이 끝나자마자 집과 소녀는 사라지고 바위 위에 중만 홀로 남았다. 어느 날 그 중의 꿈속에 나이든 여성이 나타나 스스로 관음이라고 칭하며, "나를 여인으로 보는 것을 그만두고 나를 섬기는 데 평생을 바치라"고 했다. 중은 여인을 다시 보지 못했지만, 관세음보살을 위한 암자를 세우고 보덕암이라 했다. 후에 이 암자 위에 솟은 봉우리도 관음의 이름을 따서 붙였다.

### 고려 태조 왕건과 방광대

신라 경순왕이 935년 나라를 고려에 바친 후에도 고려에 복속하지 않은 마의태자를 찾아 고려 태조 왕건이 금강산을 찾았다. 이때 산 위에서 찬란한 빛이 비치며 법기보살(담무갈)이 현신하는 것을 뵙고 그곳을 방광대(放光臺)라 했다.

### 삼불암과 명연담(울소)

고려 말 나옹(라오懶翁)이 장안사에 있을 때, 표훈사에서 크게 불사를 일으킨 김동(긴도)이라는 부자가 나옹을 시기했다. 두 사람은 장안사와 표훈사 경계 문바위에 각자 불상을 새겨, 못한 쪽이 산을 떠나기로 했다. 나옹은 바위 앞면에 삼불을, 김동은 뒷면에 60불을

+ 삼불암(일명 문바위) 앞면에 나옹이 새겼다는 삼불(골트슈미트 1927)

새겼는데, 나옹의 삼불이 더 뛰어났다. 부끄러움을 느낀 김동이 연못에 빠져 죽자 김동의 세 아들도 따라 빠져 죽었다. 네 사람은 모두 바위로 변했는데, 그때부터 못물 소리가 사람 울음소리 같다 하여 '울소', 명연담(鳴淵潭)이라 불렀다. 이 전설은 럼(1936: 116~117쪽)의 묘사가 가장 구체적이고, 베리만(1938: 187쪽)도 이 전설을 언급했다.

### 호랑이바위

만폭동에 있는 호랑이바위는 임진왜란 때 일본군을 격퇴한 곳이라는 이야기가 전한다.

영국의 종교학자인 일리저베스 애나 고든(Elizabeth Anna Gordon 1914 & 1916)은 두 가지 이야기를 기록하고 있는데, 하나는 조선인들이 도요토미 히데요시의 군대를 그곳에서 쫓아냈다는 것, 또 하나는 하늘에서 신이 내려와 마하연에서 예배드리는 척하는 히데요시를 천둥번개로 돌려보냈다는 것이다(히데요시는 실제로 조선에 오지 않았다).

### 오탁정(烏啄井)

큰 까마귀 한 마리가 이곳에 내려앉아 부리로 바위에 구멍을 냈는데 그때부터 바위에서 물이 흘러나오기 시작했다. 사람들은 이 물이 병을 낫게 하는 효험이 있다고 믿었다(베버 1927: 70쪽).

### 나무꾼과 선녀(상팔담)

상팔담은 8개의 연못이 이어져 있다. 옛날에 나무꾼이 나무를 하다가 사냥꾼에게 쫓기는 사슴 한 마리를 숨겨 주었다. 사슴은 그 보답으로 감사의 뜻으로 선녀들이 하늘에서 내려와 목욕하는 곳을 일러 주며, "가장 아름다운 선녀의 날개옷을 숨겼다가 하늘로 돌아가지 못한 그 선녀와 결혼하고, 아이 셋을 낳을 때까지는 절대로 날개옷을 돌려주지 마시오" 하고 사라졌다. 아이가 둘이면 양팔에 안고 올라갈 수 있지만 셋이면 한번에 안을 수 없어 꼼짝없이 지상에 살게 된다는 이야기였다. 나무꾼은 사슴 말대로 하여 선녀와 결혼하고 아이 둘을 낳았는데, 어느 날 나무꾼이 나무를 하러 간 사이에 선녀는 날개옷을 찾아 두 아이를 양팔에 하나씩 안고 하늘로 돌아갔다. 상심한 나무꾼 앞에 사슴이 다시 나타나 씨앗을 하나 주었고, 씨앗을 심으니 나무가 크게 자라 하늘까지 뻗었다. 나무꾼은 나무를 타고 하늘로 올라가 아내와 아이들을 다시 만나 행복하게 살았다.

제5장

# 금강산의 역사

## 조선시대까지의 금강산

### 사찰 창건기

서양인들은 여행기에 금강산의 역사에 대한 정보도 많이 담았다.

유점사는 창건 설화에 따르면 고구려 유리왕 23년인 서기 4년에 창건되었는데, 서기 5년이라고 기록한 것들도 있다. 이해 53위의 불상이 인도에서 떠내려와 고성 바닷가에 도착했다고 한다. 게일(1922)과 베버(1927)는 이 시기가 당시 알려진 중국 불교 역사보다 60년이나 앞선다는 이유로 이 설화를 실제 역사로 인정하지 않는다.

베버는 신계사가 서기 277년 창건됐다는 사실도 믿을 수 없다고 했다. 절 창건기에는 519년으로 되어 있는데 277년이라는 정보는 어디서 온 것인지 알 수 없다.

라우텐자흐(1942, 1945 & 1950)는 유점사와 신계사의 창건 시기를 4세기 후반으로 보면서, 그중 유점사가 금강산 내 사찰 중 가장 오래됐다고 판단했다. 유점사는 6세기까지 확실하게 자리를 잡았던 것으로 보인다.

버사 럼(1936)은 장안사가 515년에 창건됐다가(비숍 1898: 155쪽에서 캠벨을 인용한 것을 재인용. 해밀턴 1904: 86쪽, 부르다레 1904: 344쪽, 프랫 1928: 421쪽도 이해를 창건 연도로 본다) 556년에 다시 화재로 전소됐다고 했다(공식 기록은 6세기 초 법흥왕 때, 또는 551년에 창건되고 고려 초 970년 화재로 소실).

표훈사는 671년(정확히는 670년, 신라 문무왕 10년)에 건립됐다고 기록돼 있다. 베버와 게일도 문무왕 때 창건되었다고 적었다. 베리만(1938: 187쪽)과 라우텐자흐(1942: 445쪽)는 677년이라고 했다.

베버(59쪽)는 마하연이 7세기에 지어졌을 것이라고 보았고, 사찰 이름을 명시하지 않았지만 베리만(190쪽)은 이 절이 "250년 전", 즉 1688년경 창건되었다고 하는데 아마 중창된 해일 것이다.

럼은 영원암과 정양사가 비슷한 시기에 건립됐을 것이라 추정한다.

보덕암은 8세기경 창건된 것으로 전해진다.

6~8세기에 불교 사찰들이 건립될 당시는 전기 신라 말~통일신라 초에 해당하여, 신라에서는 먼 변방이었다. 유점사 창건 설화 중에 승려들이 금강산에 와서 용을 쫓아냈다는 이야기가 있는데(게일 34쪽, 베버 68쪽), 신라가 고구려와 대치한 역사적 사실에 기반하여 용은 적국인 고구려를 가리키는 것이라 할 수 있다.

그러나 서양인들은 불교 문화의 중심을 인도와 티베트로 보았기에 금강산 사찰들에서도 인도나 티베트 불교의 흔적을 찾기 위해 노력했다. 하지만 이곳에는 산스크리트(범어)로 된 비문도, 산스크리트어를 읽을 수 있는 승려들도 없었다. 그럼에도 여전히 겐테(1905)는 한국 불교가 티베트에서 유래했다고 보았다.

### 고려시대

935년 신라 경순왕이 고려 왕건(태조)에게 나라를 바치자, 신라의 마지막 태자인 마의태자는 금성(경주)을 떠나 금강산 명경대가 있는 골짜기까지 도착했다. 이때 마의태자가 머리카락을 잘랐다는 곳이 지금의 단발령이다. 게일과 베버는 마의태자가 머물던 건물

흔적을 지금도 볼 수 있다고 했다.

왕건이 정양사를 방문한 기록은 방광대 설화로 남아 있다. 정양사는 명경대 골짜기로 들어가는 입구를 막는 산등성이 위에 위치해 있어 경치도 일품이지만, 산에 은거한 신라 마지막 태자의 동태를 감시하기도 용이했다. 마의태자가 은둔한 명경대 골짜기는 적의 공격을 막기는 쉽지만, 바위들로 이뤄진 지세 때문에 많은 식량과 장비를 들여오기 쉽지 않아서 봉쇄되면 경제적으로 버티기 힘들어, 요새보다는 유배지로 적합하다.

마의태자가 죽으면서 신라 왕조는 막을 내리고, 정양사도 정치적 기능을 상실하고 평범한 사찰로 돌아갔다. 라우텐자흐(1942)는 마의태자의 무덤이 비로봉 근처에 있다고 전한다.

556년에 화재로 파괴됐던 장안사는 고려 성종(982~997) 때 재건되었다(공식 기록은 광종 때인 970년 소실, 982년 중창). 후에 몽골의 고려 침입과 간섭으로 야기된 국제정치 문제는 금강산에도 영향을 끼쳤다. 고려의 공녀(貢女)로 원나라에 가 황후가 된 기(奇)씨(기황후)가 장안사에서 대대적인 기도 불사를 벌여, 500명의 원나라 승려들이 금강산으로 왔다는 기록이 있다.

게일(1922: 61쪽)은 이정귀(李廷龜, 1564~1635)의 「유금강산기(遊金剛山記)」(1603)를 인용하여, 고려 말에 표훈사가 원나라 황실의 특별한 후원을 받았다고 전한다.

베버(1927)도 샌더스 소령의 구술을 인용하여, 표훈사가 보관하고 있는 가장 귀중한 보물은 중국 '웽쿤세'(원 영종英宗을 가리키는 듯) 황제가 하사한 향합(香盒)이라고 적었다. 겐테(1905)도 이 향합들을 언급하는데, 그는 '츠치총'(영종의 연호 지치至治를 이르는 듯) 황제의 하사품이라고 기록했다.

### 조선시대

1392년 이성계(태조)가 조선왕조를 일으키면서 수도를 송도(개성)에서 한양으로 옮겼다. 국가 이념이 불교에서 유교로 바뀌면서 대대적인 숭유억불책(崇儒抑佛策)이 시행되어 많은 불교 사찰들이 사라졌고 남은 사찰들도 그동안 소유하던 넓은 토지를 빼앗겼다. 수도 한양이나 번화한 지역 중심지 가까이 있는 사찰들 다수가 핍박을 받고 파괴되거나 깊은 산중으로 쫓겨났다. 그러나 금강산은 워낙 산중이고 중앙의 관심에서 비켜나 있었던 덕분에 인위적으로 훼손되지 않았고 토지도 유지할 수 있었다.

겐테(1905)는 유교가 지배한 조선의 금강산 승려들을 박해를 피해 인도 뭄바이로 이주한 페르시아 조로아스터교의 후예들과 비교했다.

국가 이념이 유교로 바뀌었어도 이따금 불교에 호의를 가진 왕들이 나왔다. 세조와 일부 후손들이 장안사의 당우를 120여 채까지 늘렸다는 기록이 있다. 장안사는 불교에 호의적이었던 세종, 성종, 예종의 어진(御眞)을 봉안하기도 했다.

1592년 임진왜란 때 일본군이 금강산을 지나며 장안사와 표훈사를 비롯한 사찰들을 불태웠다. 유점사만은 전화(戰禍)를 피할 수 있었는데, 사명대사(四溟大師) 유정(惟政)이 왜장을 감동시켰기 때문이다. 왜장은 "이 절에는 도를 아는 고승이 있으니 모든 장병은 다시는 절에 들어가지 말라"고 명했다고 한다(이 기록은 유몽인柳夢寅의 『어우야담於于野談』에 나오며, 유성룡柳成龍의 문집에도 비슷한 기록이 있다).

유정보다 앞서 승군(僧軍)을 지휘해 싸운 서산대사(西山大師) 휴정(休靜)도 일찍이 유점사 백화암(白華庵)에서 수행한 일이 있다. 베버(1927)는 백화암이 휴정을 기념하기 위해 세운 암자라고 했는데, 이는 서산대사 입적 후 사리를 안치한 부도(浮屠)와 석비(石碑)를 확대해석한 것이다. 베버는 또 명경대 계곡의 폐허만 남은 성벽들을 왜란 때 조선 왕이 피신해 있던 피난처였을 것이라고 기록했다.

### 역사 속의 방문객들

금강산 사찰들은 한때 중국 원 황실과 밀접한 관계를 맺었지만,

원이 멸망하고 명이 들어선 후 관계가 단절됐다. 서양 여행자들은 수세기 동안 금강산을 방문한 중국인들의 흔적을 찾지 못했다.

조선왕조의 관리들도 이따금 금강산을 여행했다. 이들은 장안사와 유점사 같은 큰 사찰에 머물렀는데, 사찰은 관리들이 기거할 특별 장소를 내주어야 했다. 게일(1922: 44쪽)은 유점사에 관리용 건물이 있다고 했고, 비숍(1898: 156쪽)은 1498년에 이원이 유점사에서 세조가 지은 건물에 묵었다고 썼다.

게일은 한국어를 하고 한문을 읽을 줄 아는 선교사였다. 그는 역사 속의 금강산 여행기들 중 일부를 발췌해 번역 출판했다. 대표적인 여행기가 이원의 「유금강록」과 이정귀의 「유금강산기」이다.

1489년에 금강산을 방문한 이원은 바닷길로 고성을 통해 유점사를 방문하고, 표훈사를 지나 정양사를 방문한 후, 다시 표훈사를 따라 장안사를 여행하고 고성으로 돌아왔다.

이정귀는 임진왜란 직후인 1603년에 육로로 단발령을 넘어 금강산 여행을 시작해 장안사에 머물렀다. 표훈사, 정양사, 마하연, 보덕암을 방문한 후 표훈사, 장안사, 단발령을 경유하여 돌아왔다.

## 구한말~일제강점기의 금강산

### 불교와 금강산 사찰들의 위상

조선을 세운 신진 사대부 세력은 금강산의 승려들을 불신했다. 옛 고려왕조와 금강산에 호의를 베푼 원나라를 지지했기 때문이다. 통치자들은 사찰과 중국의 관계를 끊고, 사찰이 소유한 토지를 몰수했다. 상민이나 나중에는 천민 등 하층계급에게만 승려가 될 수 있는 도첩(度牒)을 허가했다. 금강산만이 아니라 수세기 동안 산중에 고립되고 방치된 한국 불교는 날로 쇠퇴해 갔다. 사찰에 따라 정도의 차이는 있겠지만 승려들은 흔히 계율을 무시하고 수련도 느슨해졌다.

조선시대 내내 고립된 지역이었던 금강산의 사찰들이 위치한 곳은 말이나 나귀를 타고도 가기 힘든 깊은 산속이었다. 많은 사찰이 사라지고 남은 사찰들도 세속화되면서 그들만의 세계를 형성해 갔다.

조선시대 사찰의 주지승들은 국가 행정 체계의 말단에 속했지만, 범죄자들을 매질하거나 추방할 권한이 있었다. 유교를 숭상하는 중앙정부는 이 지역에 관리를 상주시키는 데 미온적이었다. 관리 전용 거처와 주요 사찰에 있는 홍살문 정도가 중앙권력이 이 지역에도 미친다는 것을 말해 주었다.

금강산의 승려들은 지역 밖에서 임료를 징수하고 전국을 탁발하며 시주를 받을 권한이 있었다. 다만, 한양으로 들어가는 것은 금지되었다. 쇄국을 견지한 조선은 정부가 승인한 나라들에만 문호를 열었다.

금강산에 대한 서양인들의 평가는 늘 좋았지만 불교에 관해서는 쇠퇴하고 타락했다고 비판했다. 비숍(1898)은 한국 불교를 "다 죽어 가는 상태"라고 했고, 해밀턴(1905경)도 "죽었다"고 표현했다. 비숍(164쪽)은 당시 한창 왕성했던 일본 선종과 달리 한국 불교계가 개혁 운동에 나서지 않음을 안타까워하면서 한국 불교가 더 쇄신되기를 희망했다.

사찰의 규율은 오히려 일제 강점 하에서 강화되었다. 서양인들은 이것을 일본 통치의 결과로 여겼다. 그러나 프레드릭 스타(Frederick Starr 1918) 같은 이들은 한국 불교계가 1902년부터 벌인 쇄신 노력의 결과라고 반박했다. 그는 일본 침략 전인 1902년에 한국 사찰들이 연합해 중앙 기구를 결성하고 행동 방식과 교육을 표준화하는 등 한국 불교 부흥을 위한 시도들이 있었다고 강조했다.

해밀턴(1904 & 1905경)도 비숍의 부정적인 견해를 인용하면서도, 1902년부터 일어난 변화들로 한국 불교가 다시 활성화되고 있다고 평가했다.

## 금강산 관광

금강산은 오래전부터 동아시아에서 절경으로 유명했다. 사찰들은 관광객에게 약간의 돈을 받고 음식과 숙소를 제공했다. 길과 다리를 연결하는 것도 사찰의 책임이었는데 그리 열심히 하지는 않았다. 다리래야 난간도 없이 통나무 하나뿐이거나 징검다리를 갓 면한 수준이기 일쑤여서 비가 많이 오기라도 하면 냇물을 건널 수 없었다. 험한 지형에는 바위에 나무 기둥을 층층이 걸치거나 바위 자체에 층계처럼 홈을 내어 오르게 했다. 비교적 길이 양호한 곳은 장안사 근처와 유점사~신계사를 연결하는 길이었다. 등반가들에게는 이런 험한 길이 금강산의 매력을 더해 주는 요소였다.

서양인들은 짐 실은 말조차 지나가지 못할 정도로 산길이 좁고, 상류로 향하는 유일한 길이 미끄러운 시내 바닥뿐이어서 금강산 여행에 어려움이 많다고 토로했다. 전 세계를 여행한 경력을 가진 전문가들도 어렵기는 마찬가지였다. 하지만 그들과 함께한 한국인 가이드들은 형편없는 짚신을 신고도 수월하게 산을 올랐다. 서양인들은 그들의 인내를 칭찬하고 짚신을 높이 평가했다.

온정리를 제외하고 금강산 일대엔 서양식 호텔 등 제대로 된 숙박시설이나 식당, 기념품점 등이 거의 없고 대체로 사찰들이 그 역할을 수행했다. 불교가 쇠락하고 있었음에도 사찰들은 관광 사업을 확장하거나 현대화하지 않고 전통 방식을 고수했다.

여성 방문객들은 특히 숙박 여건에 불만을 토로했다. 방들은 대체로 깨끗하지만 여름엔 너무 더웠다. 서양인들, 특히 여성들이 한국의 여행자들과 달리 독방을 요구한 것이 도리어 승려들의 호기심만 자극했고 이것이 여성들에게는 불만이었다.

한국을 식민 지배한 일본의 정책은 달랐다. 게일은 일본이 온정리와 장안사에 경찰을 상주시켜 지역에서 영향력을 행사했다고 두 차례에 걸쳐 기록했다. 일본 철도회사는 사찰들이 독점하던 사업(도로와 교량 관리)을 빼앗아 갔다. 경원선 철도역에서 장안사까지 도로를 연결했고, 산림을 관리하고 호텔을 지어 여행자들에게 숙박 시설을 제공했다. 그때부터 한국식과 일본식 여관, 식당, 상점들이 서로 경쟁을 하게 됐다. 장안사는 역사적 기념물, 문화재, 종교적 상징을 모아 놓은 관광지로 전락했다.

그래도 게일(1922) 같은 일제강점기 초기까지의 방문객들은 불편함이 많았다. 단발령을 넘으면서부터는 산길을 올라야 했고, 짐 실을 조랑말과 수레는 필수였다. 그 대신 사찰에서 투숙하는 등 금강산의 특별함을 경험할 수 있었다.

일본인들은 금강산을 관광지로 만들기 위해 오랜 시간 투자해 주변의 풍경을 완전히 바꿔 놓았다. 한국식 및 일본식 여관, 식당, 기념품점, 목욕탕, 서양식 호텔을 마구잡이로 건립했다. 숲에 둘러싸여 굉음을 내는 급류와 계곡이 절경을 이루던 장안사는 새 건물들이 들어서면서 매력이 사라졌다. 서양인들은 사찰이 아닌 숙박업소에서 묵게 되었다.

한국 문화를 온전히 경험하고 싶었던 베버(1927)는 사찰을 택했지만, 많은 방문객들은 호텔을 선택했다. 오드리 해리스(1939)를 비롯해 많은 여행가들이 더 이상 절들을 언급하지 않게 되었다. 해리스(54쪽)에 의하면, 베리만(1938)은 금강산 동쪽 산등성이로 하산하던 중 '큰 절 하나'를 본 이야기를 쓰면서도 그 절이 유점사라는 것을 알아보려고도 하지도 않았다. 게일과 베버를 제외한 일제강점기 서양인들의 여행기는 경치 묘사가 대부분이다. 초기 여행기들이 사찰에 집중했던 것에 비해 많은 변화가 일어난 것이다.

비로봉 바로 아래 지어진 바이에른식 별장인 '구메' 건물은 주변과 어울리지 않는 괴상한 광경을 연출했을 것이다. 여기서 하룻밤을 묵은 해리스는 일몰과 일출의 장관을 보았다는 긍정적인 평가를 남기기도 했지만, 대부분의 서양인들은 일본인들이 금강산의 아름다움을 망쳐 놓았다며 아쉬워했다.

보덕암 승려와 일부러 약속을 잡아야 했던 베리만(1938 & 1944) 처럼, 일제강점기의 서양 여행자들은 승려를 직접 만날 기회가 거의 없었다.

제6장

# 저술과 저자 소개

**찰스 윌리엄 캠벨(Charles William Campbell)**

"한국 북쪽 지역의 최근 여행", 〈스코티시 지오그래픽 매거진〉 제8호(1892)

(Charles W. Campbell, "A Recent Journey in Northern Korea," *The Scottish Geographical Magazine*, vol. 8, 1892, pp. 579–590)

(참고) "한국 북부를 통한 장백산 여행", 왕립지리학회보(1892)

(Charles W. Campbell, "A Journey Through North Korea to the Ch'ang–bai Shan," in Prodeedings of the Royal Geographical Society and Monthly Record of Geography, 1892, pp. 141–161)

찰스 윌리엄 캠벨(1861~1927)은 1861년 10월 21일 아일랜드 남부 코크(Cork)에서 태어났다. 영국의 버백 대학교에서 치른 중국어 통역 시험에서 우수한 성적을 받아 1884년 4월 7일 중국 주재 통역사로 임명되었다. 1887년 9월에 조선 주재 영국 부영사로 잠시 임명받아 1888년에 한국을 처음 방문하고 1889년에 금강산을 다녀왔다. 독일의 지질학자 고체와 주한 영국 영사 칼스(William Richard Carles)가 금강산과 백두산 지역을 방문하지 않아 정보가 없었기 때문이다.

캠벨은 1903년부터 1904년까지 중국 광둥과 쓰촨에서 총영사로 지내다가 1905년부터 1911년까지 베이징 총영사로 일했다. 이후 건강이 악화되어 은퇴하고 런던으로 돌아가 1927년 66세가 못되어 사망했다.

왕립지리학회 회보와 〈스코티시 지오그래픽 매거진〉에 한반도 북부와 금강산에 관한 보고서들(1892)을 기고하기 앞서 캠벨은 1890년 12월 23일 영국 외무부에 "캠벨 부영사 서리의 1889년 9월과 10월 한국 북쪽 지역 여행"(영국 외무부 문서 FO 17/1107)이라는 외무부 및 관계 기관 회람용 대외비 문서를 제출했다. 이어 1891년에 영국 의회에도 같은 제목의 보고서(14쪽 사진 참조)를 제출했다.

〈스코티시 지오그래픽 매거진〉에 실린 캠벨의 글은 매우 담백

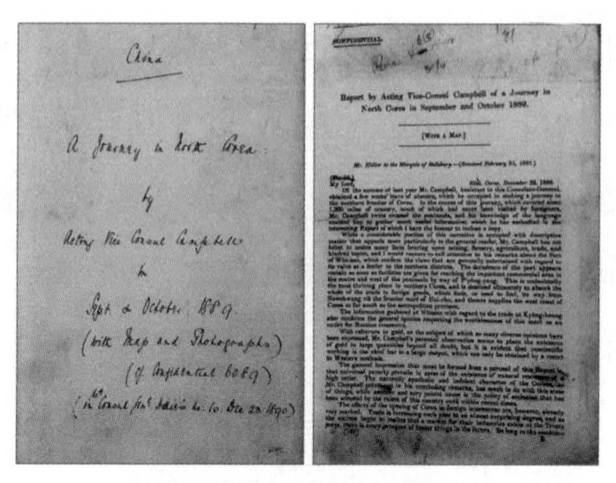

China

A Journey in North Corea:
by
Acting Vice Consul Campbell
in
Sept & October 1889.
(with Map and Photographs)

Report by Acting Vice-Consul Campbell of a Journey in North Corea in September and October 1889.

[With a Map.]

캠벨의 외무부 대외비 보고서(1890)

하고 건조하다. "이 산들은 매우 흥미 있는 지역으로, 거대한 바위들로 울퉁불퉁한 이곳은 한반도의 등줄기를 형성하는 곳"이라고 묘사했다. 감정 표현을 자제하는 전형적인 영국인의 문체였다. 식물이나 지질에 관한 내용은 거의 없고 불교 문화에 많은 관심을 가지고 있었던 것으로 보인다.

> 사찰을 떠난 승려들은 전국을 여행했다. 낡은 불단을 수리하거나 새로운 불단을 세우기 위해 손에 그릇을 들고 집집마다 들러 불경을 외고 다녔다. 하루도 빠짐없이 음식과 쉴 곳을 구걸했다. 이들 중 일부는 종교나 불교 역사에 대해 아는 것이 없었으며 어느 누구도 예불할 때 사용하는 책의 요지를 제

대로 설명하지 못했다. 형식적인 수행일 뿐 진정성은 찾아볼 수 없었다.

캠벨이 승려들과 어떻게 소통했는지 알 수 없지만, 아마 중국어나 한문 필담을 사용했을 것이다. 간혹 자신에게 익숙한 기독교적 시각을 드러내기도 했다.

런던 왕립지리학회 회보에 실린 보고서에는 금강산 관련 내용이 훨씬 광범위하고 구체적으로 드러난다. 〈스코티시 지오그래픽 저널〉에 실린 금강산의 내용은 2건의 영사 보고서(1890, 1891)와 왕립지리학회 회보(1892)에 실린 내용을 발췌한 것으로 보인다. 이 여행기는 베이치(1896)가 인용했고, 비숍(1898)과 겐테(1905)도 언급했다.

〈스코티시 지오그래픽 저널〉 기고에는 금강산과 관련하여 △한국 불교에서 금강산의 중요성, △한국인 관광과 금강산, △한국의 지방 교통편, △금성에서 단발령을 넘어 장안사까지, △단발령 가는 길, △한국의 지방행정, △한국의 강제노역, △금강산의 지질, △한국 불교의 역사, △금강산의 사찰·불당과 승려들, △금강산에서 해안선을 따라 원산으로 가는 길 등을 언급했다.

**앨프리드 에드워드 존 캐번디시(Alfred Edward John Cavendish)**

『한국과 신성한 백두산』(굴드애덤스 공저, 1894)

(A. E. J. Cavendish and H. E. Goold-Adams, *Korea and the Sacred White Mountain: Being a Brief Account of a Journey in Korea in 1891*, together with an Account of an Ascent of the White Mountain by Captain H.E. Goold-Adam's, London: George Philip & Son, 1894, 1,028 pp.)

"한국에서의 두 달", 〈스코티시 지오그래픽 매거진〉 제11호(1894)

(A. E. J. Cavendish, "Two Months in Korea," *The Scottish Geographical Magazine*, vol. 11, Nov. 1894, pp. 561-574)

앨프리드 에드워드 존 캐번디시(1859~ 1943)는 영국 육군 장교로 2차 보어 전쟁(아프리카에서 종단 정책을 추진하던 영제국과 당시 남아프리카 지역에 정착해 살던 네덜란드계 보어족 사이에 일어난 전쟁)과 제1차 세계대전에 복무했다. 아가일 앤드 서덜랜드 하이랜더스 제1연대(1st Argyll and Sutherland Highlanders) 소속 장교이자 영국 왕립지리학회 특별회원으로 1891년 한국을 방문했다. 마찬가지로 영국군 장교이자 여행 작가인 H. E. 굴드애덤스와 함께였다. 둘은 호랑이와 표범을 사냥하기 위해 한반도를 방문했다가 백두산 등정에도 도전하

게 되는데, 캐번디시는 포기하고 굴드애덤스 대위만 성공한다.

두 사람은 함께 여행기를 출판했다. 글이 매우 간략해, 금강산에 대해서는 "바위들이 울퉁불퉁하게 놓여 있는 여러 봉우리들" 정도의 짧은 기록만 있다. 〈스코티시 지오그래픽 매거진〉에 실린 캐번디시의 여행기에 금강산에 대한 기록이 나오는데, 실제 캐번디시는 금강산을 가 보지는 않았고 캠벨(1892)의 책에 나오는 내용을 따로 표시하지 않고 사용한 것이다.

캐번디시는 한국의 내륙 지방이 서양인들에게 잘 알려지지 않았던 시기에 한국 문화, 건축물, 지방 전통 등을 관찰했고 자연 경관과 식물에도 주목했다. 담쟁이덩굴(암펠롭시스 베이치)을 언급한 것은 1892년 한국을 여행한 영국인 식물학자 베이치(1896)의 영향을 받은 것으로 보인다. 다만, 캐번디시가 특별히 식물을 관찰한 흔적은 없고 그의 보고서에도 그런 기록은 남아 있지 않다.

"한국에서의 두 달"은 1894년 5월에 에든버러의 스코틀랜드 지리학회에서 발표한 보고서를 재수록한 것인데, 여기서도 금강산 관련 내용을 찾아볼 수 있다. 금강산은 서울 동쪽의 험준한 산맥에 자리하고 많은 불교 사찰을 품고 있는 곳이라고 소개한다. 또 불교가 372년 중국으로부터 전해진 후 금강산이 아름답고 인적이 드문 특성 때문에 40~50여 개의 사찰이 자리를 잡았고 대부분 부유했다고 설명하고 있다.

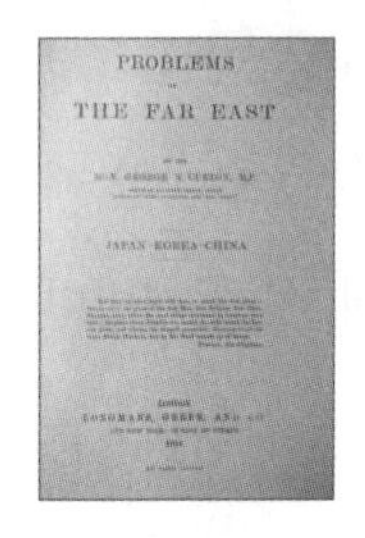
PROBLEMS

THE FAR EAST

JAPAN·KOREA·CHINA

**조지 너새니얼 커즌(George Nathaniel Curzon)**

『동북아의 문제점: 일본, 한국, 중국』(1894)

(George N. Curzon, *Problems of the Far East*: *Japan*, *Korea*, *China*, London: Longmans, Green & Co., 1894, 441 pp.)

"금강산에서: 한국 동부에 있는 불교 사찰들에서의 모험", 〈내셔널 지오그래픽〉 제46권 4호(1924)

(The Marquess Curzon of Kedleston, "In the Diamond Mountains: Adventures among the Buddhist Monasteries of Eastern Korea," *National Geographic*, vol. 46, no. 4, 1924, pp. 353–374)

초대 케들스턴 후작 조지 N. 커즌(1859~1925)은 영국에서 태어나 이튼 스쿨을 거쳐 옥스퍼드 대학교를 우수한 성적으로 졸업한 엘리트 정치인이다. 1887년 27세의 나이에 영국 하원의원이 되었고 이후 인도에서 정무차관직을 맡았다. 금강산을 방문한 서양인 중 가장 저명한 인사다.

커즌은 1885~86년 영국의 외무장관과 총리를 지낸 솔즈베리 후작 로버트 개스코인세실의 비서로 일하다 1887년 27세 나이에 영국 의회 의원으로 정치에 입문하고, 후에 인도에서 정무차관을 지냈다. 러시아와 중앙아시아(1888~89), 페르시아(1889년 9월~1890년 1월), 시암(태국)과 프랑스령 인도차이나 등 영국과 이해관계가 있는 여러 국가를 여행했고, 다녀 본 여러 국가에 관한 저서를 다수 출판한다. 뒤에 나오는 세실 아더 스프링라이스(Spring-Rice 1929)와 동창이자 동년배로, 1892년 스프링라이스가 주한 일본 공사관에 파견되었을 때 커즌이 합류해 함께 금강산 여행을 했다.

1892년 10월 커즌은 한국을 처음 방문해 원산을 거쳐 금강산과 백두산을 여행하며 여러 사찰들을 방문했다. 『동북아의 문제점』(1894: 88~223쪽)에서 한국의 정치적·경제적 상황, 한국인의 전통과 삶의 방식 등을 다뤘다. 금강산에 대한 기록은 불교에 초점을 맞추고 있다. "불교는 현 왕조(조선)가 들어서면서 국교의 자리를 내려놨지만, 그 이전까지 천 년 동안 국가의 종교로 높은 위상을 가지고 있었다"고 설명했다.

커즌은 금강산을 "계곡의 폭과 깊이는 세계적으로 이름난 숲들에 필적할 만하다. 캘리포니아의 협곡보다 아름다운 단풍, 협곡을 따라 흐르는 맑고 깨끗한 급류" 등의 표현으로 찬사를 보냈다. 〈내셔널 지오그래픽〉에 실린 기사(1924)에서는 금강산의 전반적인 내용을 상세하게 묘사했다.

윈스턴 처칠의 경쟁자이기도 했던 커즌은 1894년 외무차관, 1898년 최연소 인도 총독을 역임하고, 1919년부터 1924년까지 외무부장관직을 맡으며 정치가로서 승승장구한다. 하지만 1925년 3월 심각한 내출혈로 수술을 받고 3월 20일 런던에서 66세의 나이로 사망했다.

커즌의 여행기(1894)에 나오는 금강산 관련 주제들

금강산 묘사(103쪽)

캘리포니아 협곡과 비교(104쪽)

한국의 승려들, 절 생활과 관습(104쪽)

건축(107쪽)

한국의 종교(108쪽)

커즌의 여행기(1924)에 나오는 금강산 관련 주제들

금강산 불교 승려들을 방문하는 특별한 이유(353쪽)

여행 시기(1892)와 글을 쓴 시기(1924) 사이의 변화 예측, 한국에 대한 그의 저서 요약(354쪽)

한국의 주요 사찰 방문, 석왕사(안변)에서의 하룻밤(355쪽)

비용을 2배로 요구한 주지승(358쪽)

금강산 관광(359쪽)

사찰의 많은 불상들과 초상화(장안사)(362쪽)

한국의 천 이불(잠자리)(363쪽)

호랑이, 한국 불교의 유래(367쪽)

승려들, 추방자가 되다(368)

한국인 관광객들을 허락하다(369)

금강산 여행에 가장 좋은 시기(370쪽)

한국 최고의 비경(371쪽)

보덕암(371쪽)

유점사로 넘어가다(372쪽)

시계, 칼, 돈을 도둑맞다(373쪽)

되찾은 귀중품, 풀려난 주지승(374쪽)

**대니얼 라이먼 기퍼드 부인(Mrs. Daniel Lyman Gifford, 메리 기퍼드)**

"조선의 가 볼 만한 곳", 〈한국 회보〉 제2호(1895)

(Mrs. Daniel Gifford, "Places of Interest in Korea," *The Korean Repository*, vol. 2, 1895)

기퍼드 부인(1857~1900)은 파크 칼리지를 졸업하고 1888년 미국 북장로교회에서 한국으로 파견된 미국 선교사로, 같은 해에 한국에 파견된 대니얼 라이먼 기퍼드 선교사(1861~1900)의 부인이다. 본명은 메리 E. 헤이던(Mary E. Haydon)이다.

기퍼드 부인은 서울에서 발간된 영문 잡지 〈한국 회보〉의 제2호(1895)에 "조선의 가 볼 만한 곳"이라는 기사를 기고했다. 기사는 백두산, 황해도 구월산, 금강산, 평양, 경주, 송도(개성), 강화를 7대 명승지로 꼽았다. 금강산에 대해서는, 아름다운 일천이백 봉(일만이천 봉의 오기)은 중국에도 잘 알려져 중국인들은 "금강산만 볼 수 있다면 여한이 없겠다"는 말을 한다고 기술했다. 또 "금강산을 등반할 때 네 발로 기어서 올라가기도 하고 승려가 제공한 새끼줄과 사다리를 이용해야 할 때도 있다"며 험난했던 여정을 기록했다. 승려들에 대해서는 "분주하고 행복한 삶을 영위하고 있다. 안전한 산행을 위해 재를 올리고 불공을 드리기도 한다"고 설명했다. 그 외에 "최고봉이 6천 피트(1,800미터, 실제 비로봉은 1,638m)나 되는 봉우리의 다채로운 아름다움은 자연과 산신령의 합작품이다. 폭포는 18개나 되고, 100리 정도 되는 조선에서 가장 긴 동굴도 이곳에 있다. 눈이 덮인 듯 온통 하얀 것은 석회암으로 이뤄져 있기 때문으로 보인다"는 글로 금강산의 아름다움을 예찬했다.

남편인 대니얼 기퍼드는 경기도 남부에서 사목하며 한국의 많은 산들을 방문했는데, 계룡산을 방문한 최초의 외국인이다. 파견

후 약 8년 동안 한반도에 체류하면서 경험한 것들을 1898년에 『조선의 풍속과 선교(Every Day Life in Korea)』라는 책으로 발간해 조선을 서양에 소개했다.

기퍼드 목사는 풍토병인 이질에 걸려 1900년 4월 10일 39세의 나이로 타계하고, 메리 기퍼드도 한 달 뒤인 5월 5일에 사망해 양화진 외국인묘지에 묻혔다.

**프레드릭 셰이블러 밀러(Frederick Scheibler Miller)**

"한강을 거슬러", 〈한국 회보〉 제2호(1895)

(F. S. Miller, "Up The Han River," *Korean Repository*, vol. 2, 1895, pp. 66–72)

"금강산에서", 〈한국 회보〉 제2호(1895)

(F. S. Miller, "In The Diamond Mountains," *Korean Repository*, vol. 2, 1895, pp. 101–107)

"금강산에서 원산까지", 〈한국 회보〉 제2호(1895)

(F. S. Miller, "From The Diamond Mountains To Wonsan," *Korean Repository*, vol. 2, 1895, pp. 194–198)

프레드릭 셰이블러 밀러(1866~1937)는 미국 펜실베이니아주 출신으로, 피츠버그 대학교를 졸업한 후 1892년 미국 북장로회 선교사로 임명받아 아내와 함께 내한했다. 조선에서 40여 년이 넘도록

오직 교육을 통한 선교에만 혼신의 정열을 쏟았으며 특히 청주를 중심으로 한 충청도 지역에서 많은 활동을 했다. 저서로는 『한국의 복음(The Gospel in Korea)』, 『한국의 젊은이들(Korean Young Folks)』 등이 있고 그 외 많은 번역서와 논문이 있다.

1894년 28세의 밀러는 이사벨라 비숍과 함께 한국을 여행하면서 금강산을 방문하고 3편의 여행기를 〈한국 회보〉 제2호에 한꺼번에 기고했다. 세 편의 글은 그가 조선에서 선교사 생활을 하면서 직접 체험한 일들을 37개의 이야기로 엮은 것이다.

"한강을 거슬러"에는 남한강, 여주, 청평, 가평, 춘천 등을 뱃길로 거쳐 다시 금강산을 방문하고 육로로 원산에 이르기까지의 여정이 담겨 있다.

"금강산에서"에서는 장안사에서 시작해 표훈사, 유점사를 방문한 후 3,700피트(약 1,127m. 참고로 금강산 최고봉인 비로봉은 해발 1,638m) 높이의 봉우리까지 등반하고 다시 장안사로 내려오는 여정을 소개한다. 유점사를 설명하는 부분에는 53불 전설을 상세히 기록하고 있다.

"금강산에서 원산까지"는 금강산에서 하산해 원산에 이르기까지 외금강 지역을 여행한 기록이다. 수정봉을 한국의 명소로 여기며 "캐러멜 아이스크림과 같은 색"이라고 묘사한 것이 흥미롭다.

밀러의 글들은 한국 지명과 인명의 영어 표기에 오류가 많고, 묘사도 비숍(1898)의 것보다 흥미가 떨어지고 다소 냉소적인 부분도 보인다. 유점사의 '53불과 용의 전설'에 대해 "어느 중이 말했다는 사실을 제외하면 존재했을 것 같지 않은 용의 전설이 있다"라고 쓴 것이 한 예다. 겐테는 1905년 그의 글에서 이런 거만한 태도를 비판했다.

밀러의 여행기에 나오는 금강산 관련 주제들

장안사 도착, 장안사의 젊은이와 늙은이(101쪽)

한증막같이 뜨겁고 사람으로 가득찬 방에서의 숙박, 야간 예불, 판관 10명의 절, 여행의 어려운 점, 운반비 일부를 빼앗은 승려(102쪽)

표훈사에서의 휴식, 정양사에서 본 광경(103쪽)

주지승 할머니의 초대, 여행자들과 동행한 승려들, 유점사 도착(104쪽)

채식, 저녁 예불(105쪽)

용의 전설, 승려가 거주하는 사찰, 출발할 때의 환대(106쪽)

하산 그리고 장안사로 돌아옴, 잘 보관된 소지품(107쪽)

통천으로 가는 해안을 따라(194쪽)

석왕사(안변)에 먼저 다녀간 외국인 명단(197쪽)

**제임스 허버트 베이치(James Herbert Veitch)**

『여행 노트: 인도, 말레이시아, 일본, 한국, 호주와 뉴질랜드 식민지, 1891~1893』(1896)

(James Herbert Veitch, *A Traveller's Notes or Notes of a Tour through India, Malaysia, Japan, Corea, the Australian Colonies and New Zealand during the Years 1891–1893*, Chelsea: Royal Exotic Nursery, 1896, 236 pp.)

제임스 허버트 베이치(1868~1907)는 런던 첼시에서 태어났고 크로퍼드 전문대를 졸업했다. 독일과 프랑스에서 기술 과목을 배운 후 1885년부터 대대로 가족이 운영해 온 런던 첼시의 식물원에서 일했다. 식물학자로서 각기 다른 서식지에서 자라는 식물에 대해 연구했는데, 과학적으로 명확하게 설명하는 학자는 아니었다.

베이치는 1891년 영국 식민지와 보호령들을 여행하는 도중 1892년 6월 한국을 잠깐 들렀고, 서울에서 원산으로 가는 길에 회양에서 정양사 방면으로 금강산에 들어가 표훈사까지 갔다.

베이치는 여행기에서 여행의 어려움 같은 것은 이야기하지 않고 회양에서 받은 환대, 표훈사와 장안사 체류 등 인상 깊었던 부분을 중심으로 기록을 남겼다. 표훈사의 묘사는 캠벨(1892)의 영국 영사 보고를 인용했고, 금강산에 서식하는 식물에 대해서는 직접 관찰해 기록했다.

베이치는 매우 이른 시기에 금강산을 방문한 서양인 중 한 명이지만 한국 방문의 특별한 경험이나 인상을 기록하지는 않았고 자신의 전공인 특이 식물에만 관심을 뒀을 뿐이다. 대부분의 영국 방문자들이 사전에 많은 조사를 하고 왔던 것과는 차이가 있다.

베이치는 1898년 유한회사가 된 집안 식물원의 전무이사로 일하다가 신경쇠약으로 물러났다. 1907년 11월 13일 엑서터에서 심장마비로 사망했다.

베이치의 여행기에 나오는 금강산 관련 주제들

장안사 전경 삽화(148)

표훈사 도착, 표훈사 묘사(캠벨 인용)(149쪽

금강산 경치, 금강산의 식물, 등반의 어려움(짚신)(150)

관음 제단, 모든 바위와 연못들에는 나름의 이야기가, 호랑이, 장안사의 하룻밤, 원님과 함께한 등반, 승려들의 환대, 승려 모집, 다시 회양으로(151)

**윌리엄 벤턴 스크랜턴(William Benton Scranton)**

"53불과 구룡", 〈한국 회보〉 제4호(1897)

(W. B. Scranton, "The Fifty-three Buddhas and the Nine Dragons," *The Korea Repository*, vol. 4, 1897, pp. 321–324)

W. B. 스크랜턴(1856~1922)은 1856년 미국 코네티컷주 뉴헤이븐에서 태어났다. 1878년 예일 대학교와 1882년 뉴욕 의과대학을 졸업하고 3년 동안 오하이오주 클리블랜드에서 의사로 일했다. 1884년 한국 의료 선교사로 지원해 아펜젤러, 어머니 스크랜턴 여사와 함께 1885년 5월 3일 서울로 왔다.

스크랜턴은 1890년대 중반 금강산을 여행하면서 사찰들을 둘러보고, 유점사 창건 설화와 금강산 구룡폭포 설화 등을 수집해 기록으로 남겼다.

가난하고 신분이 낮은 사람들을 위한 의료 선교에 앞장선 스크랜턴은 '선한 사마리아인 병원' 사업을 구상하고 가난한 이들이 밀집한 애오개, 남대문, 동대문 지역에 시약소(施藥所)와 진료소를 설립했다. 이곳들이 오늘날 아현교회, 상동교회, 동대문교회로 발전했다. 1916년 만주, 1917년에는 일본 고베로 이주해 미국 영사관 의료검사관으로 근무하다가 1922년 폐렴으로 사망했다.

### 이사벨라 버드 비숍(Isabella Bird Bishop)

『한국과 그 이웃나라들』(1898)

(Isabella Bird Bishop, *Korea & Her Neighbours*, London: John Murray, 1898, 480 pp.)

이사벨라 버드 비숍(1831~1904)은 영국 요크셔의 보로브리지홀에서 태어났다. 그녀의 집안은 캔터베리 대주교와 선교사들을 배출한 유서 깊은 성공회(영국국교회) 집안이고, 17세기 이후 한때 런던 시장을 배출하기도 한 요크셔의 명문가였다. 비숍은 독실한 기독교도로, 그리고 대표적인 여성 탐험가로 영국 근대사에 잘 알려진 인물이다.

비숍의 오지 탐험은 남편이자 외과의사인 존 비숍 박사가 사망한 1886년 이후 본격적으로 계획되었다. 세계 여행 경험이 풍부한 여행가이자 지리학자로 일본과 중국 여행기도 출간했다.

비숍은 서울에 거주하던 미국 선교사 밀러와 1894년에 처음 한국을 여행했다. 이후 1897년까지 한국을 네 차례나 방문했으며, 여행 중에는 남장을 하고 말을 타고 다닐 정도로 한국에 호기심과 애정을 갖고 있었다. 조선과 중국을 자주 왕래하면서 고종과 명성황후도 알현했고, 제정 러시아에 사는 조선인들도 만났다.

이러한 체험을 바탕으로 쓴 『한국과 그 이웃나라들』은 비숍의 대표적 기행문집이자 베스트셀러로 19세기 말 조선의 풍물, 종교, 기생, 민요, 서민 생활, 궁중의 모습, 여성의 지위 등을 손에 잡힐 듯 생생하게 서술하고 있다. 같이 여행한 밀러(1896)의 여행기와 비교해 읽어 보면 더 흥미로울 것이다.

비숍은 이후 중국 여행을 계획하던 중 1904년 10월 7일에 사망했다. 그 외의 저서로 『하와이 군도(The Hawaiian Archipelago)』(1875), 『일본의 밟지 않은 길(Unbeaten Tracks in Japan)』(1880), 『중국 회화(Chinese Pictures)』(1990), 『페르시아, 쿠르디스탄 여행기(Journeys in Persia and Kurdistan)』(1891) 등이 있다.

비숍의 여행기에 나오는 금강산 관련 주제들

단발령(마릿재 위쪽 402m), 캠벨 인용(152쪽)

얼어붙은 강 건너기, 홍살문, 장안사(154쪽)

솔즈베리전나무, 장안사의 기원과 역사(155쪽)

장안사의 예술가(156쪽)

장안사의 젊은 사미승(157쪽)

안문재를 거쳐 유점사로, 표훈사, 정양사(158쪽)

5월 어느 오후의 금강산, 표훈사(159쪽)

한국 여행객을 부르는 금강산, 주변과 차별화된 금강산(161쪽)

금강산을 통과하는 여정, 금강산의 불교 승려들, 사찰 행정(162쪽)

왜 승려가 되는가(163쪽)

승려들의 교육과 지식(164쪽)

담쟁이덩굴(165쪽)

아름다운 계곡, 짚신(166쪽)

화룡소, 만폭동, 용바위, 줄석송(석송과)(167쪽)

유점사, 범어 염불(168쪽)

범종(169쪽)

나무뿌리와 53불, 전설들(170쪽)

견과류 꿀강정, 불교(호의적이고 사려 깊은)와 유교 비교(171쪽)

고란초과, 고비(172쪽)

**마르셀 모니에(Marcel Monnier)**

『아시아 여행기 1895~1898』(1900)

(Marcel, Monnier, *Itinéraires à travers l'Asie levés au cours du voyage accompli durant les années 1895, 1896, 1897, 1898*, Paris: Plon-Nourrit, 1900, 248 pp.)

마르셀 모니에(1893~1918)는 프랑스의 기자, 저술가이며 사진작가다. 모친을 여읜 후 누나와 사진가인 매형 밑에서 자라며 후에 자신도 사진작가가 되었다.

모니에는 프랑스 일간지 〈르탕(Le Temps)〉의 기자가 되어 멕시코, 샌프란시스코, 하와이로 취재 여행을 떠나 킬라우에아 화산 사진을 촬영했다. 1892년에는 친구이자 이미 유명해진 서아프리카 탐험가 루이귀스타브 뱅제의 코트디부아르 국경 지도 작업에 동참했다. 코트디부아르와 수단 등 여행기를 출간하면서 손수 촬영한 사진을 많이 사용했고, 따로 『검은 프랑스(코트디부아르와 수단)』도 출간했다. 그 후 남아메리카 대륙의 동서 해안 횡단기와 아시아 여행기를 출판했다. 1918년 스위스 국경 근처 예르에서 향년 65세로 타계했다.

모니에의 금강산 기행문은 1895년부터 1898년까지 아시아의 여러 나라를 여행하고 돌아와 쓴 『아시아 여행기』에 포함되어 있다. 한국 관련 내용은 제18장(76~83쪽)과 제19장(84~90쪽)에 있는데, 한국 내 출발 지점부터 모든 방문지까지의 거리와 고도를 킬로미터로 표시하고 있는 것이 특이하다. 79~87쪽의 금강산 여행 기록에는 금강산, 장안사 계곡, 장안사 사진을 함께 실었고, 그 밖에 한강 어귀, 서울 전경, 창도 계곡, 강원도의 고인돌, 창동의 낚시터, 계곡과 마을 등까지 총 10장의 사진이 있다.

모니에의 여행기에 나오는 금강산 관련 주제들

서울(해발 80미터), 코레아, 한강, 용산, 제물포, 황해, 남산(해발 300m), 북한산(해발 750m)(76~79쪽)

강원도 금강산(79쪽)

한국의 스위스, 4세기 중국에서 불교 전래, 수많은 주요 사찰. 다락원, 소래, 솔모로, 요창고리, 만세다리에서부터 각각 18, 25, 39, 50, 62킬로미터(80쪽)

단발령(192km, 해발 800m)(84쪽)

장안사(210km, 해발 650m), 안문재(85~86쪽)

유점사, 신계사, 신평(87쪽)

6월 20일 바닷물 온도 7도, 5월 말 제물포는 15도(88쪽)

원산은 1797년 영국의 윌리엄 브로턴 선장의 이름을 따서 브로턴 항이라 불림. 인구 1만2,000~1만5,000이며 2개 지역으로 나뉘어 있는데 오른쪽 조선인, 왼쪽엔 일본인 1,500명이 거주, 서울에서 390킬로미터(89쪽)

### 에밀 부르다레(Émile Jean-Louis Bourdaret)

『한국에서』(1904)

(Émile Bourdaret, *En Corée*, Paris: Plon/Nourrit, 1904, 200 pp.)

프랑스인 에밀 부르다레(1874~1947)의 생애와 가족사는 거의 알려진 바가 없다. 1874년 프랑스 리옹에서 태어났으며 마티니에르 대학교에서 수학한 것으로 알려졌고, 1893년 리옹 국립건축학교 ECL(Éole d'architecture de Lyon)을 졸업한 기록이 남아 있다.

부르다레는 1901년 서울~신의주를 잇는 경의선 철도 건설의 기술고문으로 부임하면서 한국과 인연을 맺었다. 1904년 구한말 문화와 풍속, 일상생활 등을 기록한 『한국에서』를 출간했다. 책에는 불교, 유교, 무속 신앙 등을 한국의 가족관계와 엮어 상세히 기술했다. 금강산에 관해서는 세 개의 주요 사찰인 장안사, 표훈사, 유점사를 중점적으로 언급했고, 장안사에서 바라본 장관에 크게 매료됐다. 금강산 불교에 대한 그의 판단은 호의적이다.

부르다레의 이후 행보는 거의 알려진 바가 없으며 1947년 11월 4일 프랑스 니스에서 생을 마감했다.

부르다레의 여행기에 나오는 금강산 관련 주제들

도착, 장안사(343쪽)

장안사의 복지, 장안사 묘사(344쪽)

표훈사(345쪽)

유점사, 안변 석왕사(346쪽)

원산(347쪽)

**에밀 브라스(Emil Brass)**

『동아시아의 유용한 동물들』(1904)

(Emil Brass, *Nutzbare Tiere Ostasiens*, Neudamm: J. Neumann, 1904, 106 pp.)

에밀 브라스는 독일 영사로 1893년에 한국을 여행했다. 그는 동아시아에 서식하는 동물들을 조사하고 분류한 책을 출간했다. 각각의 종을 라틴어 이름으로 분류해 거주지를 기록한 학자적 노력과 동아시아 시장에서 호랑이 가죽이 얼마에 팔리는지 등을 기록해 놓은 경제적인 내용이 함께 담겨 있다.

브라스는 보통 서식지만 대략적으로 기술("한국 동쪽 산간 지역에 서식" 등)했지만, 한국 호랑이를 설명할 때에는 서식지인 금강산에 대한 상세 설명을 덧붙였다. 포유류에만 관심이 있던 브라스는 해양 생물에 대해서는 거의 언급하지 않았다. 금강산에 서식하는 생물 중 빼놓을 수 없는 누에 역시 그의 관심을 받지 못했다.

**어니스트 프레드릭 조지 해치(Ernest Frederic George Hatch)**

『극동 인상기: 일본, 한국, 중국』(1904)

(Ernest Hatch, *Far Eastern Impressions: Japan, Korea, China*, London: Hutchinson, 1904, 257 pp.)

어니스트 해치(1859~1927)는 영국의 정치인이다. 런던에서 태어나 와인 유통으로 사업을 시작해 1894년 해치 맨스필드 앤드 컴퍼니를 설립했다. 1895년 하원의원(랭카셔 고턴)으로 선출돼 1904년까지 보수당에서 활동했다.

『극동 인상기』는 20세기 초 급변하는 동북아 정세를 바라보는 한 기업인의 솔직한 심정을 보여 준다. 1904년 러일전쟁이 발발하자 전 세계의 이목이 동아시아에 집중됐고 많은 이들이 전쟁의 원인에 의문을 제기했다. 전쟁이 일어나기 불과 수년 전 이 지역을 방문했던 해치는 자신이 직접 보고 느낀 열강의 치열한 대립을 담담한 어조로 이야기하고 있다.

한국에 대한 설명은 경제적인 면에 집중되어 있다. 부산과 제물포 등 개항 도시들과 한국인의 특징 등을 설명하고 왕실 및 관리들의 위기관리 능력을 비판했다. 한반도의 교역과 철도, 상업 및 신흥 산업의 왕성한 활동, 통화, 전신·전화, 영국과의 교역, 전통적인 광산 채굴 방법, 광업권 이양, 일본의 한반도 경제 정책 등을 고찰하고, 한반도 내륙을 여행하면서 느낀 것들, 이를테면 한국인들의 친절한 성품과 지방의 경제적 어려움 등을 언급하고 있다.

1908년 남작 작위를 받았지만 1927년 사망하면서 작위가 소멸되었다.

**장 드 팡주(Jean de Pange)**

『한국에서』(1904)

(Jean de Pange, *En Corée*, Paris: Hachette, 1904, 62 pp.)

"한국 여행", 『세계 여행』(1904)

(Jean de Pange, "À travers de Corée," *À travers le monde*, Paris: Hachette, 1904, pp. 65–68, 73–76, 81–84)

프랑스인 장 드 팡주(1881~1957)는 그다지 널리 알려진 인물은 아니지만, 로렌 지방의 명문 귀족 집안에서 태어난 역사학자이자 저술가이다. 파리에서 문학과 법학을 공부했고, 당대 프랑스의 저명한 정치가들인 드골, 로베르 쉬망 등과 절친한 사이였다.

팡주는 일본에서 제물포를 통해 한국을 방문해 서울에서 금강산, 원산까지 여행한 후 다시 서울로 돌아왔는데, 체류한 정확한 연도는 알 수 없다. 다만, 책을 간행한 시기가 1904년이고 저자가 서울에 머물 당시 이용익을 예방한 내용이 나오는데, 이용익이 탁지부대신으로 임명된 해가 1902년이므로 1902~1903년 사이에 한국을 방문했으리라 미루어 짐작할 수 있다.

『한국에서』는 크게 세 부분으로 되어 있다. 제일 앞 부분에서는 서울에 체류하면서 거리와 궁궐 등에서 보고 느낀 점들을 서술했고, 두 번째 부분에서는 금강산의 여러 사찰들을 거쳐 원산까지 다녀온 여정을 기록했으며, 세 번째 부분에서는 그 당시 한국에 진출해 있던 외국인들의 실태를 간략히 서술하고 있다. 그리고 저자가 직접 촬영한 30여 점의 사진이 글 사이사이에 삽입되어 있다. 여행하면서 느낀 점들을 상세하게 기록해서 흥미롭다. 직접 찍은 사진들은 20세기 초 한반도의 상황을 보여 주는 귀중한 자료로 남아 있다.

팡주의 여행기에 나오는 금강산 관련 주제들

서울에서 원산 그리고 금강산까지(21쪽)

요창고리(Yo-tchang-kori) 마을(23쪽)

창도리, 단발령(24쪽)

갈간리 오두막에서 1박(25쪽)

장안사(26쪽)

진고개를 지나 신계사로 가는 지름길을 택한 짐꾼(27쪽)

표훈사(28쪽)

마하연(30쪽)

통천 큰 마을(32쪽)

**앵거스 해밀턴(Angus Hamilton)**

『한국』(영어 1904; 독일어 1904; 프랑스어 1905경; 발췌 재수록 1905/1910)

(Angus Hamilton, *Korea,* London: William Heinemann, 1904, 467 pp.; Leipzig: Otto Sparner, 1904, 79 pp.; Paris: Felix Juven, ca. 1905)

(참고) "한국 전 지역", 『세계 여행 연감』 제4권(1905. 독일어판 『한국』 발췌)

(Angus Hamilton, "Quer durch Korea," *Illustriertes Jahrbuch der Weltreisen*, vol. 4, 1905, pp. 200–215. Excerpts from A. H., *Korea,* Leipzig, 1904)

(참고) 앵거스 해밀턴 외, 『한국: 역사, 국민, 상업』(1910. 『한국』의 일부 장을 선별하고 쪽수를 달리하여 재수록)

(Angus Hamilton et al., *Korea: Its History, Its People, and Its Commerce*, Boston: Millet,

1910, 221 pp. Contains a reprint of selected chapters of Hamilton's *Korea*, with different paging)

앵거스 해밀턴(1874~1913)은 영국의 귀족 가문에서 태어나 첼트넘 칼리지에서 수학 후 독일과 프랑스에서 공부했다. 〈폴 몰 가제트〉의 기자로 활동하다 한국으로 파견되어 1899년부터 1902년까지 3년간 서울에서 거주했다. 그의 저서 『한국』은 러일전쟁 당시 조선에 대한 보고서로, 전쟁이 발발한 1904년에 출간됐다.

해밀턴의 『한국』은 대한제국 여행기 중 가장 잘 알려진 책이다. 그는 1903년 금강산을 여행한 후 비숍의 여행기를 일부 개정해 책에 실었다. 사생활이 보장되지 않고 너무 더우며 사람이 많은 방,

해밀턴의 영어판(왼쪽)과 독일어판 표지

험한 길 등 비숍의 불평들은 제외하고 금강산의 핵심인 아름다운 경치와 불교 사찰들을 자세하게 다뤘다. 비숍이 "다 죽어 간다"고 판단한 금강산 불교를 "생기 있다"며 긍정적으로 평가하기도 했다. 인도를 식민 지배하는 영국 출신이어서 불교에 친숙했던 것인지 고타마(Gautama), 석가모니(Sakyamuni) 같은 인도 고유명사를 종종 사용했다.

해밀턴은 순회 강연을 위해 1913년 2월 뉴욕으로 건너가, 6월 14일 재정적인 문제로 뉴욕의 한 호텔에서 자살로 생을 마감했다.

해밀턴의 여행기(1904)에 나오는 금강산 관련 주제들

(제19장, 226~239쪽)

금강산 산행의 어려움, 승려와 사찰들(226쪽)

장안사(228쪽)

재정적으로 어려운 금강산 사찰에 거액 청구, '부처 나무 절'(유점사)(232쪽)

장안사에서 유점사까지 가는 길(233쪽)

유점사의 당우들(234쪽)

유점사에서의 기도, 유점사 절과 불단(236쪽)

유점사의 승려와 행자들, 한국의 종교(237쪽)

(제20장, 240~250쪽)

혐오스러운 폐허(신계사)(240쪽)

문사암, 장안사의 환대(242쪽)

장안사 숙박(243쪽)

장안사 출발(244쪽)

유점사와 장안사 숙박 비교, 신계사 너머의 길(245쪽 이하)

**지크프리트 겐테(Siegfried Genthe)**

지크프리트 겐테, 게오르크 베게너 엮음, 『독일인 겐테가 본 신선한 나라 조선』(1905)

(Siegfried Genthe, ed. Georg Wegener, *Korea*, Berlin: Allgemeiner Verlag für deutsche Literatur, 1905, 67 pp.)

지크프리트 겐테(1870~1903)는 베를린 출생으로 마르부르크 대학교에서 1896년 페르시아만을 주제로 지리학 박사학위를 받고 〈쾰른 신문〉에 입사했다. 1898년 첫 발령지 워싱턴을 시작으로 사모아, 모로코, 중국 등 당시 유럽 열강의 관심을 집중시키던 분쟁지역을 주무대로 왕성하게 취재 활동을 했다. 워싱턴에서 사모아, 중국을 거쳐 1901년 6월 한국에 들어와 서울을 중심으로 전국을 여행하며 취재를 다녔다.

겐테의 기록들은 독일의 〈쾰른 신문〉에 바로 보도됐다. 1900년대 유럽의 독자들은 잘 알려지지 않은 외국에 대해 많은 호기심을 가지고 있었다. TV나 라디오, 영화가 존재하지 않았던 당시에 신문은 가장 중요한 정보 전달 매체였고 그의 글은 독자들의 호기심을 자극했다.

겐테는 한국(1901~1902) 외에 인도(1892), 사모아(1899), 중국(1900~1902), 모로코(1903)를 여행했다. 의화단사건으로 베이징 거리에서 주 중국 독일 대사 케틀러가 살해됐을 때 겐테는 중국에 머물면서 〈쾰른 신문〉에 보낼 글을 쓰는 중이었다. 그는 1901~02년 조선 취재를 마치고 귀국하는 길에 1903년 모로코에서 살해됐는데 그 정황에 대해서는 알려진 바가 없다. 겐테의 친구인 게오르크 베게너 박사가 1905년 겐테가 〈쾰른 신문〉에 연재한 한국 여행에 관한 글을 엮어 『독일인 겐테가 본 신선한 나라 조선』이라는 유작으로 출판했다. 이 책을 독일어로 출간된 한국 여행 관련 책 중 최고로 친다.

겐테는 다른 외국인들과 달리 금강산부터 제주도까지 한반도 구석구석을 여행하며 금광을 취재하고 금강산과 한라산의 지질학적 특징을 밝히기도 했다. 유려하고 아름다운 문체로 조선의 풍광과 고종 황제부터 독일어 학교의 조선 학생들, 승려, 제주도민, 광부, 벌목꾼 등 다양한 조선인들의 소박한 면모를 그려 냈다. 지리학자이자 기자인 저자의 특성이 잘 발휘된 이 책은 당시 조선의 급박했던 정세와 조선인들의 생활 등을 살펴볼 수 있어 역사적 가치가 매우 크다.

서울 시내에만 머무르거나 여행 중에도 기차에서 멀리 벗어나지 않았던 후기의 여행 작가들은 지리적, 시간적 제약으로 미처 가 보지 못한 곳들에 대한 내용을 보완하기 위해 겐테의 자료를 주로 인용했다. 반면 겐테는 직접 경험했거나 신뢰할 만한 정보를 가진 소식통만 인용해 썼다. 당시 독일인의 관점에서 한국을 바라본 그의 글은 생생하고 객관적이다.

겐테의 여행기에 나오는 금강산 관련 주제들

(금강산의 불교 사찰들, 139~153쪽)

불교의 번영기와 쇠퇴기(139쪽)

근대 한국의 시작(139~141쪽)

고려와 조선(141~142쪽)

산속으로 추방된 승려들(142~144쪽)

독일인 광산을 출발해 금강산으로(144~146쪽)

한반도 등줄기 오르기(146~147쪽)

험난한 길(144~146쪽)

산을 잘 타는 한국 조랑말(148~150쪽)

현지인의 호기심과 유럽인의 호기심(150~152쪽)

조용한 마을의 원로 가족(152~153쪽)

(영원한 안식 절 장안사에서, 154~175쪽)

도망쳐 온 사람들(154~155쪽)

은둔이 성격 형성에 주는 좋은 영향(155~156쪽)

승려들의 긍정적인 첫인상(157쪽)

장안사 도착과 환대(157~160쪽)

원시림 속의 절(161~162쪽)

순례자들을 위한 기념탑(162~163쪽)

한국 불교의 기원은 인도가 아니라 티베트, 구원(久遠)의 염불 나무아미타불(163~164쪽)

사찰의 저녁 예불(166~168쪽)

사찰 건물의 연대(168~169쪽)

한국인이 그리는 부처의 모습, 중국보다 더 화려한 절 내부 장식(169~171쪽)

청결한 현지인들(171~173쪽)

**장 드 네탕쿠르보브쿠르(Jean de Nettancourt-Vaubecourt)**

『싱가포르에서 모스크바까지』(1905)

(Jean de Nettancourt-Vaubecourt, *En zigzag de Singapour à Moscou*, Paris: Plon, 1905, 330 pp.)

장 드 네탕쿠르보브쿠르(1876~1915, 보브쿠르 백작)는 프랑스의 틸롱부아에서 태어나 1910년 7월 파리에서 앙투아네트 드 루주(Antoineette de Rouge)와 결혼했다. 1915년 10월 4일 프랑스 파리에서 38세의 나이로 사망했다. 『싱가포르에서 모스크바까지』에는 한국을 찾은 경험과 한국 및 금강산 관련 주제 14개가 소개돼 있다.

**호머 헐버트(Homer Bezaleel Hulbert)**

『대한제국 멸망사』(1906)

(Homer B. Hulbert, *The Passing of Korea*, New York: Doubleday, 473 pp.)

호머 B. 헐버트(1863~1949)는 미국 버몬트주 출신으로, 1884년 다트머스와 뉴욕의 유니언 신학교를 졸업한 후 한국 최초의 근대식 교육기관인 육영공원의 교사 파견 요청에 따라 1886년 조선에

와 7월 4일 길모어(George W. Gilmore), 벙커(Dalzell A. Bunker)와 함께 수학, 자연과학, 역사, 정치 교사로 부임했다. 교과서를 집필하라는 고종의 명을 받고 쓴 『사민필지』(한글본 1889, 한문본 1895)는 아시아, 아메리카, 아프리카 대륙 순서로 각 나라의 위치, 지형, 기후, 산업, 인구, 교육, 종교, 언어 등을 소개한 책이다.

그 후 감리교 선교사 아펜젤러와 함께 배재학당 내에 삼문출판사를 운영하면서, 역시 감리교 선교사인 올링거(F. Ohlinger)가 창간한 영문 잡지 〈한국 회보(The Korea Repository)〉의 발행을 재개하고, 한국의 문화·종교·농업·언어 등을 정리한 글을 여러 매체에 기고했다. 한국어에 관심이 깊어서, 활판소에서 일하던 주시경이 헐버트와의 교제를 통해 띄어쓰기와 외래어 표기에 대한 감각을 얻었다고 한다.

헐버트는 1892년 「한글(The Korean Alphabet)」을 시작으로 한글과 한국 문화에 대한 글들을 발표했으며, 1901년부터 1906년까지 영문 잡지 〈한국평론(The Korea Review)〉을 편집하고 발간해 한국의 이모저모를 서구 사회에 알리며 한국에 대한 오해를 바로잡는 노력을 했다. 대한제국의 몰락을 가까이서 지켜보며 한 민족이 역사와 문화가 다른 민족에게 지배당하는 것에 부당함과 안타까움을 느껴 고종의 밀사로도 활약했으나 실패하고 미국으로 추방당

했다. 미국에서도 한국의 분리독립과 일제의 침탈행위의 부당함을 호소하며 대중에게 한국을 알리는 역할을 쉬지 않았다. 『대한역사(1905)』와 『대한제국 멸망사(The Passing of Korea)』(1906)도 그런 맥락에서 저술한 책이다.

헐버트는 한국 광복 후 1949년 내한했으나 일주일 만에 청량리 위생병원에서 숨을 거두었다. "웨스트민스터 사원보다 한국 땅에 묻히길 원하노라"라는 유언에 따라 장례를 사회장으로 치르고 서울 양화진묘지에 안장했다. 1950년 3월 1일 대한민국 정부는 외국인 최초로 헐버트에게 건국공로훈장 태극장(독립장)을 추서했다.

『대한제국 멸망사』의 금강산 관련 내용은 한국 불교의 유산을 논한 제21장 중 292~299쪽으로 짤막하다. 금강산의 불교 사찰들을 소개하면서 이름을 밝히지 않은 외국 저자의 글을 인용해 "금강산 서쪽 기슭에서는 조랑말에서 내려 도보나 가마로 이동한다", "금강산에 이르는 길이 험악해서 바위틈을 뛰어넘어야 하고 때로는 통나무 하나로 만들어진 다리를 건너야만 했다고 한다. 높은 바위 아래 개울로 떨어지지 않으려면 울퉁불퉁한 바위투성이 산을 휘돌아 가야 한다. 먼저 오른 이들이 바위에 한자로 이름을 새겨 놓은 것을 발판 삼아 미끄러운 바위를 오를 수 있다. 스님들이 바위에 구멍을 뚫고 나무못을 박은 다음 통나무를 널어 놓아 그것들을 딛고 오를 수 있게 해 놓았다"(293쪽)고 설명했다. 이러한 묘사는 다른 저자의 등반기에서 비슷한 글을 읽은 독자들에게도 매혹적이게 마련이다. 유점사 같은 사찰이 한국의 다른 지역의 사찰들보다 더 잘 보존되어 있는 것은 정권과 정치의 변화에 영향을 받지 않는 깊고 머나먼 곳에 자리 잡고 있기 때문이라고 했다.

헐버트의 저서에 나오는 금강산 관련 주제들

한국의 가장 유명한 사찰들은 거의 다 금강산에 있다(292쪽)

중국에서까지 칭송되는 금강산. 바위에 한자로 새긴 이름들. 유점사, 부도밭, 구룡연. 거꾸로 박혀 하늘로 뻗친 느릅나무의 뿌리 위에 자리 잡은 53불이 용의 공격에도 굴하지 않고 불상을 지키다(293쪽)

사찰은 탁발이나 농지 대여 수입으로 운영. 불공에 격렬한 소음이 동반하는 것이 무당이나 판수의 굿판과 다름없음. 조선 불교는 대개 조선의 부유층이 재정적 지원으로 유지된다(294쪽)

### 에버라드 찰스 코츠(Everard Charles Cotes)

『극동 런던의 신호와 조짐들』(1907)

(Everard Cotes, *Signs and Portents in the Far East London*, London: Methuen and New

York: G. P. Putnam's Sons, 1907, 308 pp.)

에버라드 찰스 코츠(1862~1944)는 인도 캘커타의 박물관에서 일한 영국의 곤충학자이다. 옥스퍼드셔 뉴잉턴에서 목사의 아들로 태어나 옥스퍼드 대학교에서 수학했다. 1890년 캐나다의 유명한 기자이자 소설가인 새라 제넷 던컨(Sara Jeannette Duncan)과 결혼한 후에 기자가 되었다. 두 편의 여행안내서와 많은 곤충학 책 및 논문을 출간했다.

『극동 런던의 신호와 조짐들』은 극동아시아 지역의 사회와 정치상을 다룬 책이며 금강산 관련 기록이 짤막하게 나온다. 전체 16개 장 중 제15장 '한국살이의 어려움'과 제16장 '한국의 미래'가 한국 관련 내용이고 그중 185쪽에서 금강산을 언급하며, 203쪽에 한양 고성(古城)을 배경으로 찍은 사진이 1장 있다.

**바츨라프 시에로셰프스키(Wacław Sieroszewski)**

『코레아 1903년: 쉽게 풀어쓴 땅과 사람 이야기』(1908)

(Wacław Sieroszewski, *Korea 1903: Land und Volk nach eigener Anschauung gemeinverständlich geschildert*, Berlin: Continent, 1908, 74 pp.)

바츨라프 시에로셰프스키(1858~1945)는 러시아의 지배를 받던 폴란드 바르샤바 근교의 작은 마을에서 태어났다. 1874년 바르샤바 철도기술학교에 입학해 사회주의 활동을 하다 동시베리아로 유배를 간 그는 민속학에 관심을 갖게 되면서 러시아 국적으로 민속학자이자 작가로 활동하게 된다.

시에로셰프스키는 러시아 황립지리학회 탐사대의 일원으로 1902년부터 이듬해까지 일본, 한국, 중국 등을 여행했다. 이 경험을 토대로 1905년 『코레야 1903년』과 장편소설 『기생 월선이』를 발표했다.

시에로셰프스키가 직접 방문한 곳은 원산 아래 안변 석왕사 근처다. 금강산은 방문하지 않았기 때문에 간단히 언급만 하고 지나갔다. 『코레야 1903년』은 여행기이자 지리서로, 각 장들은 일반적인 여행 이야기로 시작해 한국 지리에 관한 논의로 끝난다. 금강산뿐만 아니라 한반도 전역, 이따금 다른 나라를 다룰 때도 비슷한 구도로 전개된다. 여행기와 지리적 설명을 하나로 묶은 이 책의 특이한 구성은 한국에 대한 지리적 정보를 필요로 했던 러일전쟁이 일어났을 당시 편집됐을 가능성이 있다. 베르스타(versta, 독일어 Werst, 약 1,067m) 같은 러시아 단위를 써서 러시아 독자들이 친숙하도록 예로 들며 비교를 했고 러시아 작가들의 책을 인용했다. 가끔 일본을 언급하지만 한국에 거주하는 일본인 얘기는 없다. 1905년 러시아판이 처음 출간됐고 독일어판과 폴란드어판이 잇따라 나왔다.

시에로셰프스키는 폴란드에서 인정받은 진정한 작가였다. 1920~1921년과 1927~1930년에 폴란드 작가동맹 의장을 지냈고, 1933~1934년에는 폴란드 예술원 문학분과위원장을 역임했다. 1945년 4월 20일 바르샤바에서 사망했다.

시에로셰프스키의 여행기에 나오는 금강산 관련 주제들

지평선 너머 금강산(22쪽)

금강산의 사찰들, 승려들의 삶(41쪽)

**에밀리 조지아나 켐프(Emily Georgiana Kemp)**

『만주, 한국, 러시아령 투르키스탄의 모습』(1910)

(E. G. Kemp, *The Face of Manchuria, Korea, and Russian Turkestan*, London: Chatto & Windus, 1910, 239 pp.)

에밀리 조지아나 켐프(1860~1939)는 영국에서 태어나 옥스퍼드 대학교 서머빌 칼리지를 졸업했다. 화가로 활동하면서 만주와 한국 등 아시아를 여행했다.

켐프는 여행가로 극동 지역의 정치적 발전에 관심이 많아, 중국 다음 여행지로 만주를 택했다. 그녀는 일본 확장주의의 다음 타깃이 만주이고 한국이 최후의 희생자가 될 것을 이미 예측하고 있었다.

켐프는 1910년 4월에 방문한 금강산 여행기를 손으로 직접 그린 삽화와 함께 책에 수록했다. 여행지에 대한 설명뿐 아니라 여행의 편안하고 안전함, 숙소의 사생활 보장에 대해서도 상세하게 적어 두었다. 예를 들어 말에서 떨어지는 그녀를 잡아 주려다 이가 3개나 부러진 가난한 가이드의 이야기, 지역을 잘 알지 못하는 가이드와 방향도 모른 채 걸어야 했던 일, 강의 반대편에 정박해 있던 사공 없는 나룻배, 무례한 일본 군인들이 길을 막아 돌아가야만 했던 일 등 여행을 지연시킨 예기치 못한 일들까지 꼼꼼히 기록했다. 여행이 늦어지자 기분이 좋지 않았고 여러 가지 작은 일들에 신경이 예민해지는 등 실망감이 그대로 글에 녹아 있다. 금강산의 유명한 절도 언급하지 않고 지나갔다.

켐프는 그 밖에 『중국의 모습(The Face of China)』(1909), 『중국령 투르키스탄을 떠돌며(Wanderings in Chinese Turkestan)』(1909) 등의 여행기와, 『타이위안푸의 수녀 S. 플로렌스 에드워즈의 추억(Reminiscences of a Sister, S. Florence Edwards, of Taiyuanfu)』(1920), 『중국의 패기(Chinese Mettle)』(1921), 『그분을 따른 건 여자였다(There

Followed Him, Woman)』 등의 책을 썼다.

켐프의 여행기에 나오는 금강산 관련 주제들

금강산 여행 계획, 조랑말을 타고, 바람과 비를 피해(113쪽)

한국의 나룻배, 길을 모르는 가이드들(114쪽)

한국의 집들(115쪽)

한국 촌락의 삶, 조랑말과 마부, 주막(116쪽)

구정물, 길 닦기, 벼농사, 야생화(117쪽)

불평하는 가이드들, 유령 우체국들, 한국인들의 호기심(118쪽)

말에서 떨어지다, 어시장(119쪽)

오지의 사찰(120쪽)

대화의 어려움(121쪽)

한국 승려의 탐욕, 금강산 계곡의 동식물들(122쪽)

방자한 일본군들, 물레방앗간(124쪽)

달빛 아래서 창도리로(125쪽)

꿩과 매, 말 많은 한국 기독교인(127쪽)

한국 기독교의 예배, 보편적 저교육(128쪽)

장돌뱅이와 물건들, 인력거에 앉은 외국인(129쪽)

일본군 주둔지 포천을 지나며, 전보 보내기(130쪽)

신전(神殿)이 없고 성지들이 황폐한 조선, 일본군 연대의 행군 (131쪽)

금강산 여행 시 알아야 할 것들(132쪽)

**일리저베스 애나 고든(Elizabeth Anna Gordon, 영국)**

"최근 한국 사찰에서 발견한 것들과 초기 동방 기독교와의 관계", 〈왕립 아시아협회 한국지회 회보〉 제5호(1914)

(E. A. Gordon, "Some recent discoveries in Korean temples and their relationship to early eastern Christianity," *Transactions of the Royal Asiatic Society Korea Branch*, vol. 5, pt. II, 1914, pp. 1–39)

『도(道)의 상징들: 극동과 서양』(1916)

(E. A. Gordon, *Symbols of 'The Way': Far East and West*, Tokyo: Maruzen, 1916, 244 pp.)

고든, 『도의 상징들』(1916) 표지와, 우주목 위에 선 석가모니상 삽화

(참고) 『메시아, 조상들의 희망: 바빌로니아의 점토판, 이집트의 파피루스와 피라미드, 로마 카타콤의 프레스코화, 중국 장안 비문의 기록이 증언하는 '모든 민족들의 소망'』(1909)

(E. A. Gordon, *Messiah, the Ancestral Hope of the Ages: "The Desire of all Nations," as proved from the records on the sun-dried bricks of Babylonia, the papyri and pyramids of Egypt, the frescoes of the Roman catacombs, and on the Chinese incised memorial stone at Cho-ang*, Tokyo: Keisesha, 1909, 237 pp.)

일리저베스 애나 고든(1851~1925)은 영국 랭카셔의 크럼프살에서 태어났다. 아버지 존 스노든 헨리(1826~1896)는 사업가로 남동 랭커셔 지역구 하원의원이었다. 일리저베스는 1879년 10월에 하원의원 존 고든(1850~1915)과 결혼했다. 그녀는 기독교의 역사를 연구하다 옥스퍼드 대학교에서 막스 뮐러 교수에게 비교종교학을 배우고, 그의 부인 조지나의 친구가 됐다. 일생 대부분을 일본에 거주하며 불교와 기독교를 연구했고, 불교와 초기 기독교의 역사적 연관성에 관한 저술을 발표했다. 그녀의 출판물들은 동아시아 불교가 초기의 기독교의 영향을 받았음을 증명하려는 데 목적이 있다.

1914년에 발표한 글에서 일리저베스는 금강산 불교에 관한 내용을 다뤘는데, 이것은 아직 금강산을 방문하지 않고 기록한 것이다. 여기서 금강산에 있는 묘향사를 한국의 30대 사찰 중 하나라고 적었다. 글을 발표한 후인 1914년 10월과 1916년에야 금강산을 가 보았다(1916: 47쪽)

아시아의 영성(靈性)의 세계를 이야기하며 그녀는 한국 불교로부터 많은 영향을 받았다. 금강산 정양사의 3개의 거대한 벽화를 언급하면서 동양의 도(道)의 세계에 대한 내용을 풀어 간다. 그 벽화들의 유래를 정확히 알 수는 없지만 그녀는 그것이 극락세계로 향하는 순례자의 길을 묘사하고 있다고 말하며, 금강산에 가기 위해 본인이 걸은 길을 일종의 순례자의 행로라고 표현하기도 한다. 그녀에게는 금강산이야말로 불교 세계의 성지인 것이다.

『도의 상징들』은 한국 불교와 금강산의 사찰을 통해 기독교 세계를 조명해 보는 것이 특징이다. 여행기엔 일본식 표현이 많아 쉽게 읽히지 않는다. 관찰한 사실보다 주관적 해석에 집중해 금강산과 다른 지역을 연관시켜 기술한 경우들이 많다.

1925년 6월 27일, 향년 74세에 그녀는 자신의 유해를 화장해 일본의 고야(高野)산과 한국의 금강산에 나눠 묻어 달라는 유언을 남기고 세상을 떠났다. 결국 유해는 모두 고야산에 매장됐지만, 유언에서 금강산에 대한 남다른 애정이 느껴진다.

고든의 1916년 책에 나오는 금강산 관련 주제들

(제3장 금강산, 44~55쪽)

지옥을 정화하는 석가여래, 세례에 대한 소견(44쪽)

정양사 벽화, 해금강의 돌덩이 나르는 배(47쪽)

정양사의 육각형 법당지(48쪽)

정양사 약사전(49쪽)

표훈사(53쪽)

표훈사와 유점사의 종루들(54쪽)

(제4장 금강산의 비밀, 56~68쪽)

마하연(56쪽)

표훈사 뒤 금강문(58쪽)

호랑이바위(61쪽)

비구니들이 사는 보덕암, 화신(化身)의 암자(62쪽)

(제5장 대도大道, 69~75쪽)

(제6장 구도의 승려들, 76~90쪽)

건봉사(86쪽)

**마크 네이피어 트롤로프(Mark Napier Trollope)**

"한국 불교 연구 입문", 〈왕립 아시아협회 한국지회 회보〉 제8호(1917)

(Mark Napier Trollope, "Introduction to the Study of Buddhism in Corea," *Transactions of the Royal Asiatic Society Korea Branch*, vol. 8, 1917, pp. 1–41)

마크 네이피어 트롤로프(1862~1930)는 1911년부터 사망할 때까지 한국의 제3대 성공회 주교였다. 영국 옥스퍼드에 있는 랜싱 칼리지와 뉴 칼리지에서 교육받고 1888년 서품을 받았다. 1890년부터 한국에서 10년을 보내고 영국으로 돌아갔다가 주교로 임명돼 다시 한국에 들어왔다.

트롤로프는 선교 팀과 함께 한국에 대한 많은 자료들을 출간했다. "한국 불교 연구 입문"에서는 금강산의 접근이 쉬워지기를 희망하며 유점사, 장안사, 표훈사 등 사찰의 역사적, 예술적, 지형학적 가치에 대한 연구가 활발해지기를 바라는 내용을 담고 있다.

영국에서 열린 세계 성공회 주교회의에 참석하고 돌아오던 중 1930년 11월 6일 일본 항구에 입항하던 선박이 다른 배와 충돌하는 바람에 심장마비로 사망했다.

**프레드릭 스타(Frederick Starr)**

『한국의 불교: 역사, 현황, 예술』(1918)

(Frederick Starr, *Korea Buddhism: History, Condition, Art (Three Lectures)*, Boston:

Marshall Jones Company, 1918, 734 pp.)

스타(1918)가 촬영한 조계종 김구하 총무원장

프레드릭 스타(1858~1933)는 뉴욕 오번에서 태어난 인류학자이다. 1882년 로체스터 대학교를 졸업하고 1885년 라파예트 대학교에서 지질학 박사학위를 받았다. 뉴욕의 미국자연사박물관에서 지질학 큐레이터로 일하던 중 인류학과 인종학에 관심을 갖게 되었다. 1891년부터 31년간 시카고 대학교 교수로 재직했다. 일본어에 능통했던 일본 친화적 인물로, 한국 역사에 대한 자료를 모아 출간하려는 일본 정부의 노력을 치하했다.

스타는 1911년부터 1918년까지 한국을 네 차례 방문했다. 『한국의 불교』는 그가 한 세 차례 강연 내용을 중심으로 구성된 것으로 서양의 한국 불교 연구에 중요한 초석을 다졌다. 한반도 불교의 역사와 현황, 불교 예술 등을 중점적으로 다루고 있다. 또한 당시까지 서양에서 발간된 한국 불교 관련 자료의 서지 정보와 함께 당시 대표적인 사찰과 불교 유적들을 사진으로 남겼다.

『한국의 불교』에서 스타는 금강산이 한국뿐만 아니라 중국과 일본에서도 유명했으며 예술가들은 금강산의 아름다움을 시로 표현하는 것을 즐겼다고 얘기한다. 불교에서 금강은 순결, 맑음을 나타내는 귀한 상징물 중 하나이며 산의 이름을 금강산이라고 한 것도 불교에서 중요한 장소로 여겼기 때문이라고 소개한다.

1933년 8월 14일 도쿄에서 기관지폐렴으로 74세의 나이로 사망했다.

스타의 책에 나오는 금강산 관련 주제들

유점사, 40개 사찰 중 우두머리(35쪽)

신계사 삽화(50~51쪽)

삽화, 주요 사찰, 유점사(52~53쪽)

유점사 부도밭(55쪽)

유점사 젊은 스님과의 토론(62쪽)

금강산의 명성(67쪽)

금강산의 구조(68쪽)

금강산의 마애불들(70쪽)

금강산 사찰들의 연대기(75쪽)

고든 여사 글 참조(88쪽)

신계사 말사 보광암 삽화(90~91쪽)

### 일리저베스 코츠워스(Elizabeth Coatsworth)

"옛 사람들과 함께 한국의 금강산을", 〈아시아와 아메리카〉 제19호 (1909)

(Elizabeth Coatsworth, "Through the Diamond Mountains of Korea with the Ancients," *Asia*. vol. 20, no. 1, 1919, pp. 16–24)

일리저베스 코츠워스(1893~1986)는 뉴욕주 버펄로시에서 태어났다. 1915년에 사립 여학교인 배서 칼리지를 졸업하고 1916년 컬럼비아대 대학원에서 석사학위를 받았다. 이후 가족과 함께 유럽, 아프리카, 멕시코, 동북아 지역을 두루 여행하고 그 내용을 방대한 기록과 그림으로 남겼다.

코츠워스는 1910년 초 잡지에 시를 게재하는 것으로 문학 활동을 시작, 1912년에 첫 시집을 발표했고, 아동문학 작품으로 성공한 작가의 반열에 올랐다. 1910년 첫 출간을 시작으로 1976년 마지막 책으로 자서전을 출간하기까지 90권 이상의 책을 썼다.

코츠워스의 금강산 방문기는 1919년 미국의 〈아시아학회지〉를 개명한 〈아시아〉라는 학술지에 "옛 사람들과 함께 한국의 금강산을"이라는 제목으로 실렸다. 모친 등 3명이 금강산을 등반하기 위해 12명의 가마꾼을 고용했는데, 가마꾼이 코츠워스의 눈에는 모두 노인들로 보여 제목에 시적인 표현으로 'Ancients(옛 사람들)'라는 단어를 사용했다. 통조림 등 식재료와 요리 도구, 간이 침대와 매트리스 등 침구를 운반하는 2명의 지게꾼(짐꾼)과 통역까지 긴 행렬이 장관을 이루었다고 한다. 불교 사찰에서 묵기도 했는데 이러한 경험이 문학작품에 반영됐다.

1919년에는 어머니와 보스턴 근처의 케임브리지에 살면서 래드클리프 여자대학에서 공부했다. 1920년부터 8년간 어머니와 동생과 함께 영국, 스코틀랜드, 이집트, 이스라엘 성지를 번갈아 여행하면서 살았다. 1933년부터 1954년까지 멕시코, 덴마크, 스웨덴, 노르웨이, 아이슬란드를 여행했고, 1931년 미국 작가협회에서 주는 뉴베리상을 받았다. 1968년 4월 남편을 병으로 여의고 침니 농장에서 애완견 타마르와 살았다. 1986년 8월 31일 노블보로에서 사망했다.

**힐다 C. 바우저(Miss Hilda C. Bowser)**

"금강산", 〈지리학회보〉 제55권 1호(1920)

(Hilda C. Bowser, "The Kongo-San," *Geographical Journal*, vol. 55, no. 1, 1920, pp. 48–50)

영국인으로 추정되는 힐다 바우저는 원산에 거주하며 콜리어 목사 부부, 조선인 도우미 김병전과 함께 1916년 5월에 금강산을 방문했다. 그런데 제목부터 금강산을 일본 독음인 공고산(the Kongo-San)이라 하고 내금강(우치콩고), 외금강(소토콩고), 유점사(유텐지), 장안사(조안지), 신계사(신게이지), 만물상(반부쓰소), 온정리(온세리) 등 대부분의 지명을 일본 독음의 로마자로 적은 것으로 보아, 글을 작성할 때 일본인의 도움을 받았을 것으로 추정한다. 실제로 총독부 내무부의 와타나베 아키라(渡邊彰)의 소개장이 있어 장안사에서 3일간 체류하면서 극진한 대접을 받았음을 밝히고 있다.

바우저는 금강산에 대해 "경관은 아름답지만 조선인이 운영하는 여관은 지저분했다"고 평하고, 일본 경찰이 그곳의 청소와 벽지 상태 등을 정기적으로 검사한다고 했다. 조선인 가마꾼들에 대해서는 70리를 걷고는 피로한 기색을 보이며 꾀를 부린다고 했다. 선녀담, 자라·용·진주·배 모양의 만물상, 구룡연, 단발령, 40리 온정리 고개, 신포리 등을 둘러본 11일간의 여정을 기록했다.

**토머스 쿡(Thos. Cook & Son)**

토머스 쿡 & 선, 『베이징, 중국 북부, 만주 남부, 한국』(제4판, 1920)

(*Peking, North China, South Manchuria and Korea*, 4th edition, London: Thos. Cook & Son, 1920, 197 pp.)

토머스 쿡 & 선은 1841년에 설립된 영국 최초의 여행사로 본사는 런던에 있고 상하이, 홍콩, 베이징, 마닐라와 요코하마에 지사를 두고 있었다. 관광 사업을 홍보하기 위해 1920년에 동아시아 안내책자를 발간했는데 여기에 금강산을 소개하고 있다. "동아시아의 어디에서도 이런 절경을 가진 산을 볼 수 없다. 반경 50킬로미터 내에서 한 편의 그림 같은 장관이 연출되는데 기이한 모양의 수풀로 뒤덮인 협곡과 뾰족하게 솟은 봉우리들, 그림 같은 산골짜기 등은 말이나 그림으로는 도저히 표현할 수 없다."

1924년에 출간한 제5판에서도 금강산의 아름다움을 홍보하는데 이보다 더 잘 표현할 수 없다. 삽화를 통해 장안사와 유점사의 모습을 보여 주고 금강산의 불교와 호텔(온정리와 금강산 호텔), 철도, 기선, 인력거를 이용해 금강산까지 가는 방법 등의 정보를 제공한다. 안내서인 만큼 전화번호부처럼 몇 안 되는 페이지에 많은 정보를 담고 있다. 지명은 일본식으로 표기했고, 한반도의 정치적 상황은 반영하지 않았다.

**버논 A. 걸릭(Vernon A. Gulick)**

"조선의 금강산", 〈이나카〉 제15호(1921)

(Vernon A. Gulick, "The Diamond Mountains of Korea," *Inaka: Reminiscences of Rokkosan and other Rocks*, vol. 15, pp. 3–20, Kobe: Kobe Herald, 1921)

버논 걸릭(국적 미상)의 금강산 등반기가 실린 이 간행물은 일본 산악회의 1921년 회보이다. 걸릭은 1921년 9월에 니시지마(西島)라는 친구와 열흘간 금강산을 다녀온 후, 손수 촬영한 금강산, 백화문, 유점사 사진과 니시지마가 찍은 걸릭 본인의 사진 등 4장의 사진과 함께 18쪽 분량의 글을 기고했다. 실질적인 기행문은 앞 7쪽 분량이고, 나머지 11쪽 분량은 일본 관광 당국이 제공하는 금강산 안내 책자를 소개한 것이다.

걸릭은 금강산을 '1만 봉우리'라고 소개했고, 기차로 서울을 출발해 경원선 평강역에서 자동차로 장안사로 들어가, 경내에 한옥으로 지은 장안사 여관에서 하루 묵는 것으로 여정을 시작했다. 표훈사를 일명 '백화사'라고 소개한 것은 아마 표훈사에 딸린 백화암(白華庵)을 오해한 듯하다.

신계사를 지나 내금강으로 들어가는 '천 개의 폭포가 있는 골짜기'는 아마 만폭동일 것이다. 마하연까지 가는 길에 "내내 수많은 작은 폭포들이 맑은 못을 이루며 있어 연못마다 뛰어들어 수영을 하고 싶은 충동을 일으켰다"고 한다.

유점사, 보덕암, 마하연, 명연암 등을 지나 개잔령을 넘어 온정리에서 온천욕을 했고, 이튿날 도착한 해금강의 어촌과 고기 씻는 풍경을 '사진작가의 천국'이라고 묘사했다. 다시 신계사를 지나 구룡연과 구룡폭포를 보면서는 "소(沼) 9개 중 8개는 작아서 용이 거처하지 못할 정도"라고 감상을 썼다.

**찰스 로젠버리 어드먼(Charles Rosenbury Erdman)**

『극동의 관문 안: 최신 여행기』(1922)

(Charles R. Erdman, *Within the Gateways of the Far East: A Record of Recent Travel*, New York etc.: Revell, 1922, 194 pp.)

프린스턴대 신학과 교수인 찰스 어드먼(1866~1960)은 뉴저지 대학교(현 프린스턴대)를 졸업하고 1891년까지 프린스턴 신학교에서 공부한 후 필라델피아 북부교회에서 목사 안수를 받았다. 장로교 선교회 대표로 동양을 방문했다.

『극동의 관문 안』의 제3장에서 어드먼은 "한때 동아시아에서 가장 경이로운 곳이었으나 지금은 세계적으로 경이로운 곳 중의 하나"인 금강산을 4일간 일정으로 다녀왔다고 기술하고 있다. 장안사를 금강산에서 가장 유명한 사찰로 소개하며 "마호메트 시대부터 시작된 사찰 중 가장 아름다운 건물"이라고 묘사했다.

이 책은 여행기가 아니라 한국의 상황과 기독교가 할 수 있는 일, 한국 내 기독교의 위상에 대한 평가서다. 한국과 극동 지역에서 장로교의 현 상황과 전파 가능성에 관심이 있는 미국 장로교인들을 위해 쓴 글이라 금강산 경치 등에 대한 설명은 없고 사찰의 모습만 짧게 언급했다.

어드먼은 1960년 사망 후 프린스턴 공동묘지에 묻혔다.

**제임스 스카스 게일(James Scarth Gale)**

"금강산", 〈왕립 아시아협회 한국지회 회보〉 제13호(1922)

(James Scarth Gale, "The Diamond Mountains," *Transactions of the Royal Asiatic Society Korea Branch*, vol. 13, 1922, pp. 3–67)

제임스 스카스 게일(1863~1937)은 1863년 2월 19일 캐나다 온타리오주 알마에서 농부의 아들로 태어났다. 1888년 토론토 대학교를 졸업하고 YMCA 선교부의 선교사로 한국에 왔고, 언더우드 목사 집에서 지내며 1889년 3월 전국 순회 여행을 시작했다. 서울을 떠나 부산, 원산에 차례로 머물렀다가 1898년 다시 서울로 돌아와 종로 연지동에 정착해 한국을 떠날 때까지 연동교회 목사로 활동했다. 그사이 고종 황제의 고문으로 추대되고, 왕립 아시아협회 한국지부장으로 봉사하면서 한국의 역사와 문화, 문학을 연구하고 집필 활동도 했다. 한국에 오랫동안 머무른 게일은 중국어에 능통했고 한문을 읽을 수 있었다.

게일의 "금강산"은 1) 금강산 설명 요약(사찰, 풍경), 2) 1917년 금강산 여행기(개인적 관찰), 3) 금강산 여행의 역사의 세 부분으로 나뉜다. 그의 기록은 세부적인 명칭까지 꼼꼼하고 명확하여 서양인의 금강산 기록 중에서도 특별히 높은 가치가 있다. 특히 내금강 부분을 상세하게 기술했는데, 다만 안문재를 지나면부터서는 그 명확함이 떨어진다. 신계사와 해금강은 묘사하지 않았다. 방해가 될 것이라는 생각에 유점사 주지승과 개인적 관계를 맺지는 않았다. 금강산 불교 전설은 몇 개만 선별해 수록했다.

39년간 한국에 산 게일은 1927년 6월 22일 한국을 떠났고, 1937년 1월 31일 74세를 일기로 세상을 떠났다.

게일의 여행기에 나오는 금강산 관련 주제들

지리적 위치, 계절마다 다른 금강산의 네 이름, 한국 고문헌 속 금강산(3쪽)

금강산에 대한 율곡의 글(5쪽)

금강산의 두 계곡 백천동과 만폭동, 장안사, 14세기 이곡의

비문(6쪽)

명연담, 삼불암(7쪽)

백화암, 영원암, 거울바위, 지옥서(地獄書), 표훈사(8쪽)

정양사, 헐성루, 방광대, 청학봉, 만폭동 계곡(9쪽)

양사언이 바위에 새긴 글, 보덕암, 마하연, 묘길상, 53불 전설(10쪽)

1917년 여행 일기, 숙식에 필요한 물건 준비(11쪽)

남대문역 출발, 의정부 등 중간 역들(12쪽)

옛 지인 박 면장과의 해후, 평강에서 짐 실을 조랑말을 빌리다(13쪽)

수송의 어려움(조랑말을 탄 여섯 살 아이), 마부들(14쪽)

금성(15쪽)

지탈계곡(16쪽)

말휘리, 장안사(17쪽)

1916년 고든 여사가 세운 네스토리우스 기념비, 표훈사, 영원암(18쪽)

'황색 그늘들'(황천), '밝은 거울 탑'(명경대)(19쪽)

금원이 바위에 새긴 글, 신라의 마지막 태자 마의태자(20쪽)

지장봉과 지장암, 장안사 유물 목록(21쪽)

삽화에 대한 해설(22쪽)

녹색 뱀 한 마리(23쪽)

삼불암, 장경사(24쪽)

한국 가이드가 말해 준 일화, 주지승의 환대(25쪽)

한국 가이드와 재회(26쪽)

폭포 계곡, 청학봉, 양사언의 비문, 만폭동 계곡(27쪽)

브리보시아 인용(28쪽)

보덕암, 화룡담, 마하연, 진주담, 도둑 잡은 순사(30쪽)

장안사, 순사본부, 비로봉 북쪽 텅스텐 광산, 66권의 화엄경 필사본, 묘길상(31쪽)

안문재(32쪽)

호랑이 흔적과 다른 야생동물(33쪽)

칠보대와 은선대, 유점사, 53불의 전설(34쪽)

이유암(비구니 쉬는 곳), 개재(개잔령), 노춘정, 노루목, 환희령, 느티나무 쉼터(유점사)(35쪽)

유점사의 역사(36쪽)

선녀들의 언덕(37쪽)

금강문, 엽서 등을 판매하는 일본인 부부(38쪽)

옥룡관, 선담(배 연못), 송시열의 현판, 양사언의 석각(39쪽)

양진, 온정리, 신계사(40쪽)

극락전, 장전항(42쪽)

이원의 1498년 「유금강록」(43쪽)

이정구의 1603년 「유금강산기」(52쪽)

조성하의 1865년 비로봉 등정(64쪽)

**케네스 제임스 손더스(Kenneth James Saunders)**

『불교사의 신시대들』(1921)

(Kenneth J. Saunders, *Epochs in Buddhist History* (The Haskell Lectures), Chicago: University of Chicago Press, 1921, 1,074 pp.)

미국인 케네스 제임스 손더스(1883~1937)는 남아공 케이프타운에서 태어나 1925년 스리랑카에서 불교에 대해 공부했다. 버클리 소재 태평양종교학대학의 종교역사과 교수로 1912년부터 1919년까지 불교 연구를 위해 중국, 한국, 일본 등을 방문했다.

『불교사의 신시대들』은 '금강산, 나라(奈良), 히에이(比叡)산, 고야산'이라는 장에서 금강산에 관한 내용을 다루고 있다. 손더스는 불교가 일본에 전파될 때 한국이 그 징검다리 역할을 했을 것이라고 보고 한국이 일본 불교에 어떤 영향을 미쳤는지 기술했다. 유점사(이름은 언급하지 않음)에 오르는 길을 언급하기는 했지만 대체로 한국 불교와 역사를 설명하는 데 집중하고 있다.

그 밖의 저서로 『불교의 요체(The Heart of Buddhism)』(1915), 『고타마 붓다: 상좌부불교 경전에 의거한 전기(Gotama Buddha: A Biography, Based on the Canonical Books of the Theravādin』(1920), 『현대 세계의 불교(Buddhism in the Modern World)』(1922) 등이 있다.

손더스의 여행기에 나오는 금강산 관련 주제들

불교의 전래(156쪽)

금강산, 온정리, 50여 개의 사찰, 53불을 싣고 온 돌배(석선)가 온정리 해안에 닿았고 그중 한명은 돌부처가 되어 앉아 있음, 가을 단풍과 밤나무 그림자를 담은 심연(157쪽)

산신령(158쪽)

**할리 판스워스 맥네어(MacNair, Harley Farnsworth)**

"금강산 순례", 〈중국과학인문학회지〉 제1호(1923)

(Harleigh Farnsworth MacNair, "A Pilgrimage to the Diamond Mountains," *China Journal of Science & Arts*, vol. 1, pp. 573–579, 1923)

〈중국과학인문학회지〉 창간호에 실린 맥네어의 기행문은 7쪽의 짧은 분량이고, 함께 실린 4장의 삽화 속 인물들의 복색은 중국 것에 가깝다. J. H. 모리스(미상)라는 이가 촬영한 마하연 사진 2장과 이름을 알 수 없는 폭포 사진 1장, 그리고 촬영한 이를 밝히지 않은 묘길상 사진 1장도 실었다.

기행문은 "하늘 위에 하늘, 하늘 아래 쑤저우와 항저우"라는 중국 속담, "닛코를 가 보기 전엔 경관을 언급하지 말라"는 일본 속담에 비겨 "금강산을 가 보기 전엔 경관을 언급하지 말라"는 말로 시작한다. 맥네어는 7월 어느 날 육로 대신 원산에서 기선을 타고 장전에 도착, 온정리를 통해 해금강으로 먼저 들어갔다. 신라 화랑의 전설(선녀의 전설로 잘못 소개)이 깃든 삼일포에 이제는 소나무 숲이 없어진 것을 보며 "태고의 미관이 깨져 더 이상 천인(天人)이 머물지 않는다"고 한탄했다. 유점사와 구룡연을 거쳐 정상인 비로봉에 오르고, 외금강과 내금강을 둘러본 후 사흘 만에 해금강으로 돌아왔다.

유점사 새벽 예불에서는 승려 한 명이 졸다가 꾸중 듣는 장면도 묘사했다. 주지의 안내로 마하연을 보고 헤어져 묘길상, 표훈사, 장안사 등을 두루 다녔다. 온정리에서 이번엔 배편 대신 포드 자동차로 8시간 걸려 원산으로 돌아오며, 일본 정부가 길을 놓은 덕에 금강산이 좋아졌다고 칭찬했다.

맥네어는 한여름의 내금강은 경사가 완만하고 나무가 울창한 반면 외금강은 식생이 거의 없는 암벽이어서 마치 유럽 중세 성당의 우아한 몸체와 하늘을 찌르는 첨탑을 섞어 놓은 모습이지만, 금강산 쪽이 더 완벽하다고 평가했다.

**조바니 마스투르치(Giovanni Masturzi)**

『오늘의 동양: 여정과 인상기』(1925a)

(Giovanni Masturzi, *L'Oriente d'oggi: Note ed impressioni di viaggio*, Firenze: G. Passeri, 1925, 246 pp.)

"중국, 한국, 금강산", 〈우주〉 제6권 2호(1925b)

(G. Masturzi, "La Cina, la Corea, il Kongosan," *L'Universo*, vol. 6, no. 2, 1925, pp. 117–140)

이탈리아의 육군 대령 조바니 마스투르치는 제1차 세계대전 종전 해인 1918년부터 끊임없이 세계를 여행하며 책을 출간했다. 호주 신문 〈브리즈번 쿠리어〉 1931년 6월 9일자 기사는 그 전 토요일에 시드니에 도착한 마스투르치 대령을 "현대판 마르코 폴로"라 불렀다. 당시 마스투르치는 첫 저서 『오늘의 동양』(1925a) 등 두 권의 책을 냈고 남아메리카 여행기 두 권을 준비 중이었다. 파푸아뉴기니로 향하는 길에 호주를 방문한 그를 인터뷰한 〈시드니 모닝

헤럴드〉지는 그가 "이제까지 별로 알려진 바 없는 지역들의 선주민들의 삶을 묘사했다"고 전했다.

『오늘의 동양』은 마스투르치가 여행한 동양의 7개 지역 여행기다. 조선과 금강산 이야기는 제3장 '중국: 마카오부터 한커우까지'의 제3절 '조선, 금강산(La Corea, Il Kongo-san)'(82~94쪽)에 나온다.

마스투르치는 장장 1년 4개월의 항해 끝에 1923년 6월 29일에 서울에 도착했다. 처음에는 며칠만 묵을 계획이었다. 그러나 오랜만에 안락한 조선호텔에 묵으며 객실 창문을 통해 본 파란 하늘 아래 아름다운 궁궐과 그 뒤 푸른 산들에 매료된 데다, 한반도 전체에서 가장 아름다운 곳이 금강산이라는 말을 듣고 "금강산을 놓친다는 것은 도저히 돌이길 수 없는 최악의 죄악을 저지르는 게 될 것 같아" 금강산을 가기 위해 3주 더 머물기로 결심했다고 밝히고 있다(87쪽).

"중국, 한국, 금강산"(1925b)은 피렌체에서 1920년 2월 창간돼 격월간으로 발간된 군사지리학회지 〈우주〉에 1925년에 기고한 기행문이다.

마스투르치의 여행기(1925a)에 나오는 금강산 관련 주제들

7시간 만에 장안사 도착(88쪽)

108개의 절 중 41개만 현존, 이집트의 스핑크스에 비견할 본당 대불, 새벽의 목탁·염불 소리와 108번의 종소리로 잠을 깨어 불평함, 등반(89쪽)

수천 개의 마애불상, 짚신을 신은 짐꾼과 가마꾼, 4시간 만에 최고봉 도달 후 하산(90쪽)

신포리, 온정리(91쪽)

온정리 호텔, 남만주철도회사가 건설 중인 호텔, 구룡폭포, 짐꾼과 가마꾼이 있어 구세주를 만난 듯(92쪽)

서 있을 수 없을 정도로 요동치는 배, 7시에 저녁 식사, 보디랭귀지로 의사소통, 계란과 소금, 포크 대신 젓가락, 빵 대신 밥, 고기 두 쪽이 구두창같이 질겨서 안 먹기로, 맥주 한 병과 팁에 5엔(58.75리라)이라는 바가지 계산서(93쪽)

저녁 7시 30분에 원산 도착, 피곤해서 서울에서 며칠 더 묵고 7월 20일 아침에 서울을 떠나 저녁에 부산 도착, 일본 증기선(관부 연락선)으로 시모노세키로, 전혀 알려진 게 없어 흥미로운 나라(94쪽)

**프랭크 조지 카펜터(Frank George Carpenter)**

『일본과 한국(카펜터의 세계 여행)』(1926)

(Frank G. Carpenter, *Japan and Korea* (*Carpenter's World Travels*), New York: Double Day, Page & Co., 1926, 306 pp.)

프랭크 조지 카펜터(1855~1924)는 미국 오하이오주 맨스필드에서 태어나 1877년 우스터 대학교를 졸업했다. 1879년에 기자가 되었고 1884년에 미국 언론협회 특파원으로 전 세계를 여행했다. 1888년에 아버지 조지 프랭크와 한국을 방문했다. 1896년 프레드릭 셰이블러 밀러와 이사벨라 비숍은 석왕사를 방문했을 때 방명록에서 프랭크 카펜터의 이름을 발견했다. 카펜터는 그 후에도 수시로 부인과 딸과 함께 여행을 다녔다. 이 경험을 바탕으로 세계의 여행기를 시리즈로 출간했다.

『카펜터의 세계 여행』 시리즈의 하나인 『일본과 한국』은 한국 여행 후 40년 가까운 시간이 지나 출간되었다. 동아시아를 방문하고자 하는 서양인들을 위한 여행안내서 형식으로, 총 27개 장에 일본과 한국의 일상생활, 개신교 포교 현황 등의 내용도 담았다. 한국 관련은 제23~27장의 5개 장, 쪽수로는 56쪽을 할애했다. 한국의 역사를 일본 시각에 편향돼 서술했고 일본의 한국 지배를 미화했다. 책에 실린 106개의 도판 중 한국 관련이 19개이다.

제26장 제목은 '어느 불교 사찰에서의 밤'인데, 사찰은 유점사

다. 방문 후 오랜 시간이 지나 글을 쓴 그는 사찰의 이름을 잊어버렸고, 석왕사에서 들은 왕조사 이야기를 유점사에서 들은 것으로 착각했다. 주지승에게 빈 병을 주었는데 당시 한국에는 유리가 흔하지 않아 주지승이 고마워했다는 이야기에서 그의 금강산 방문이 1896년 이전에 이루어졌음을 재확인할 수 있다. 책 후반부에 일본의 신사 건립 등 한국에서 일어나는 변화를 소개한 것을 보아 1905년 이후에도 한국을 찾았던 것으로 보인다.

카펜터는 세계 여행을 하던 중 1924년 중국 난징에서 병사했다.

카펜터의 여행기에 나오는 금강산 관련 주제들

53불 전설, 한국 불교의 실제 역사, 일본에 한국 불교 사찰들의 중요성, 한국 불교의 쇠퇴(276쪽)

사찰에 머문 기억들(유점사), 한국 왕조들와 절이 연계된 옛이야기들, 승려들이 살아 있는 나라(277쪽)

무지한 승려들, 도처에 있는 미신, 태평양으로 내려옴, 유점사의 환대와 숙박(278쪽)

주지승과 함께한 저녁 식사, 주지승에게 유리병을 주다(279쪽)

한국과 일본의 불교 상황에 관한 대화, 프라이버시 실종, 한밤 예불(280쪽)

비구니, 아름다운 한국의 자연(281쪽)

행자와 사미승, 한국의 유교와 불교, 일본이 세운 신사(282쪽)

한국인들의 신앙(282~283쪽)

여정의 인상, 행운의 수 9의 미신(283쪽)

**찰스 데밍(Charles S. Deming, 도이명)**

『금강산 안내』(1926)

(Charles S. Deming, *A Guide to the Diamond Mountains*, Seoul: Chosŏn Yesugyo Sŏhoe, 1926, 47 pp.)

찰스 데밍(1876~1938)은 미국 일리노이주에서 출생했다. 뉴욕 대학교와 드류 신학대학원을 졸업하고 목사가 되어 미국 감리교회의 한국 선교사로 1905년에 한국에 왔다. 한국 이름은 도이명(都伊明). 1911년까지 인천 지역에서 선교하고 그해 감리교신학교 교수, 1915년에는 연희전문 교수가 되면서 2년간 조선예수교서회 총무를 겸했고, 1929년 만주 하얼빈 주재 북만주지방 감리사로 시무했다. 1938년 안식년을 받아 귀국했으나 그해 3월 15일 폐렴으로 뉴욕에서 별세했다.

『금강산 안내』는 당시 가격 1원으로 발행한 47쪽짜리 안내 책자로, 앞뒤 표지에 각 1장, 책 속에 금강산 관련 10장(신만물상, 신계사, 구룡폭포, 봉황폭포, 입석동, 금강산 입구, 신금강 12폭 폭포, 장안사, 만폭동, 보덕굴), 도합 12장의 사진과, 조선호텔 맞은편 골동품점 등 광고 사진 2장이 포함돼 있다. 금강산 안내도, 내금강, 외금강 등 3장의 지도도 함께 실었다. 관광 코스를 10일짜리, 5일짜리, 3일짜리(원산~외금강, 서울~내금강), 수일짜리(등반) 등으로 구분해 상세히 안내하고 있다. 온정리 외금강 입구 숙박 시설 주인 이름을 'S. Y. YUN'이라고 적은 것이 흥미롭다.

데닝의 안내서 주요 내용

(추천 관광 코스)

1) 온정리: 온천, 감로수, 만물상(초), 신계사, 구룡연, 구룡대, 옥류동, 비로폭, 부석, 사발봉, 수정봉, 태자묘

2) 해금강 주변: 삼일포, 입석정, 등대

3) 유점사 주변: 유점사, 소년소, 선담, 만경동

4) 마하연 주변: 묘길상, 마하연, 백운대, 금강수, 비로봉

5) 장안사 주변: 괘궁전, 탑관리(오층탑), 장안사, 지옥문, 명경대, 황사굴, 흑사굴, 시왕봉, 수렴동, 망군대, 경연대

6) 표훈사 주변: 영선교, 불암, 표훈사, 정양사, 청학봉, 만폭

동, 보덕굴. 법귀봉

(교통 정보)

서울~원산 열차 2등석 5.70원

원산~온정리 기선 1.70원, 자동차 50전/7.00원

서울~철원 열차 2등석 2.84원, 철원~창동 트롤리 2.10원, 창동~장안사 자동차 6.00원

(숙박)

온정리 호텔, 외금강, 장안사 호텔, 내금강 5채(1인실 7.00원~ , 2인실 13.00원~ . 5월 15일~10월 31일 이용 가능)

**루시언 스위프트 커틀랜드(Lucian Swift Kirtland)**

『동방의 명소를 찾아서』(1926)

(Lucian Swift Kirtland, *Finding the Worth While in the Orient*, London etc.: Harrap's, 1926, 328 pp.)

루시언 커틀랜드(1881~1965)는 『동방의 명소를 찾아서』의 제2장에서 '조선: 고요한 아침의 나라'를 다루고 있다. 금강산에 대해서

는 앞쪽에 한 줄만 언급했다. 여름에 일주일이나 열흘 여유가 있으면 금강산을 방문해 보라고 추천한다.

호텔은 부산, 안동, 서울에 각각 1곳, 금강산에 2곳 있고, 자동차로 이동할 수 있는 곳은 서울, 경주, 금강산뿐이다. 이사벨라 비숍과 해리 프랭크의 글을 인용했고, 노르웨이의 별장을 모델로 만든 외금강의 온정리 호텔과 옛 절을 중수한 내금강 내 장안사에 대한 정보를 추가했다.

전문 여행자인 커틀랜드는 도로, 철도 등 근대적 교통수단과 호텔과 같은 근대적 여행 시설을 이용했다. 1926년에 출판된 이 책은 당시 여행과 교통 상황을 구체적으로 설명하고 있으며, 지명은 일본식을 따랐다.

MITTEILUNGEN DER
DEUTSCHEN GESELLSCHAFT
FÜR
NATUR- UND VÖLKERKUNDE OSTASIENS

金剛山
KEUM GANG SAN
DIE DIAMANTBERGE KOREAS
P. Klautke,

TOKYO

**파울 클라우트케**(Paul Klautke)

"금강산의 식물 세계", 『독일 동아시아자연민속학회 60주년 기념집 청소년판』 제1권(1933)

(Paul Klautke, "Beitrag zur Pflanzenwelt der Diamantberge," *Jubiläumsband*, vol. 1, Deutsche Gesellschaft für Natur- und Völkerkunde Ostasiens anlässlich ihres 60 jährigen Bestehens, 1873–1933, Tokyo, 1933, pp. 57–75)

(참고) "금강산", 〈독일 동아시아 자연민속학회보〉 제21권 C호(1926)

("Keum Gang San: Die Diamantberge Koreas," *Mitteilungen der deutschen Gesellschaft für Natur- und Völkerkunde Ostasiens*, Bd. 21, Teil C, Tokyo, 1926)

파울 클라우트케(생몰년 미상)는 독일 슈트랄준트에 소재한 고등학교 교장으로 식물에 관심이 많았다. 그는 1924년과 1927년 한국을 방문해 금강산을 여행했다. "금강산의 식물 세계"(1933)는 도쿄에 본부를 둔 독일 동아시아자연민속학회 60주년 기념집의 청소년판에 기고한 글이다. 글에서 클라우트케는 수많은 꽃과 약초, 나무 등 한국에 서식하는 식물들을 목록화하고 금강산의 지질학적 특징과 식생, 토양, 기후 등을 설명했다. 식물들의 라틴어 학명을 소개하고 서식지를 정리했는데, 후에 H. 레이머스와 L. 딜스라는 이들이 이것을 인용했다. 레이머스는 클라우트케의 34종 식물 중 22종이 한국 고유종이라고 설명했다.

"금강산의 식물 세계"에 앞서, 첫 번째 금강산 여행을 마치고 동아시아자연민속학회 회보(1926)에 "금강산"이라는 여행기를 기고하기도 했다.

**리하르트 골트슈미트(Richard Goldschmidt)**

『신일본: 대만, 류큐 열도, 오가사와라 제도, 한국 그리고 만주 남부 이권 지역의 여행 사진들』(1927)

(Richard Goldschmidt, *Neu-Japan: Reisebilder aus Formosa den Ryukyuinseln, Boninseln, Korea und dem südmandschurischen Pachtgebiet*, Berlin: Springer, 1927, 312 pp.)

리하르트 골트슈미트(1878~1958)는 독일 프랑크푸르트의 상류층 유대인 가정에서 태어난 미술사학자다. 1896년 하이델베르크 대학교에 입학해 자연사에 관심을 갖게 되면서 해부학과 동물학을 공부하고 박사학위를 받았다. 1909년 뮌헨 대학교 교수가 되어 1914년 일본 조사를 떠났는데 제1차 세계대전 발발로 독일로 돌아가는 길이 막혀 미국에서 수용소에 갇혔다. 1919년 독일로 돌아왔지만 안전하지 않다고 느껴 1936년 미국으로 이주해 캘리포니아 대학교 교수로 임용됐다.

골트슈미트는 상대적으로 최근이라고 할 수 있는 1925년 자료들을 토대로 1927년의 보고서를 작성했다. 구한말 한반도를 방문한 대부분의 서양인들의 그러하듯 골트슈미트도 한반도의 빼어난 자연환경을 극찬한다. 금강산과 장안사, 경주, 서울의 도시 구조도 설명하고 목조 건축술도 언급하고 있다. 예술적 성취와 자연의 아름다움에 대한 그의 기록에도 불구하고 20세기 제국주의 시대에 서양 문명의 우월성과 한국인에 대한 편견이 여실히 드러나 있다. 일본 정보에 의존하다 보니 고려를 '고리'로 쓰거나, 금강산의 사찰들이 방치돼 있었다가 일본이 철도와 도로, 다리를 놓고 나서야 금강산에 갈 수 있게 되었다는 등 잘못된 정보를 담기도 했다. 그 이전에 출간된 여행기들, 심지어 독일어로 출간된 것들도 읽지 않은 듯하다.

골트슈미트의 보고서에 나오는 금강산 관련 주제들

9~14세기 한국 미술사, 특히 도기(265쪽)

일본 침략으로 인한 파괴, 고려시대의 불교의 영향, 금강산의 사찰, 금강산의 동물(267쪽)

사찰들의 창건기와 융성기, 조선 시대 들어 쇠락한 사찰들, 사찰들이 방치됐다는 설, 초기 여행 가이드들은 금강산을 언급하지 않음(268쪽)

일본인들 덕에 접근 가능해진 금강산(268~269쪽)

금강산 가는 길(269쪽)

경관(270쪽)

한국 농업에서 소와 짐 싣는 조랑말의 역할(270~271쪽)

짐꾼(271~272쪽)

금강산의 구조, 장안사(273쪽)

표훈사(275쪽)

정양사(276쪽)

금강산을 떠나며(277쪽)

**애그니스 엘시 다이애나 허버트(Agnes Elsie Diana Herbert)**

『소녀의 조선 모험』(1927)

(Agnes Elsie Diana Herbert, *A Girl's Adventures in Korea*, London: A. & C. Black, 1927, 245 pp.)

애그니스 엘시 다이애나 허버트는 1870년대 말에 태어나 1960년에 사망한, 영국의 작가이자 대형 동물을 사냥하는 엽사였다. 영국 남단의 맨섬(Isle of Man)에서 태어나 정규 교육 대신 개인교사에 의해 교육받았다. 사촌과 함께 사냥 여행을 위해 캐나다와 소말리아 등지를 다녀온 후 사냥 경험과 사자, 코끼리, 북미의 큰 사슴에 대한 책을 출간했다. 1922~1929년 여기자협회 부회장을 역임했고, 이런 공로로 영제국 4등훈장을 수훈했다.

1927년 런던에서 발간된 『소녀의 조선 모험』은 서양 소녀가 조선에서 겪는 가상의 모험담으로, 영국의 소년 소녀를 위해 저술한 책이다. 「호랑이! 호랑아!」와 「금강산」 등 14편의 이야기로 꾸며진 이 책은 당시 조선의 존재 자체를 모르고 있던 서양의 청소년을 독자층으로 하였다는 점만으로도 의미 있는 작품이다. 너무 뜨거운 온돌 바닥, 한밤중의 사람들의 소음이나 예불 소리 같은 사찰에서의 불편한 경험, 신기한 서양 물건들을 만지고 창호지에 구멍을 내고 들여다보는 사람들을 묘사하고 있다. 마부·김치 등은 그대로 음역했고, 보신탕은 '개고기 수프'로 번역했다.

허버트의 모험담에 나오는 금강산 관련 주제들

산신령(127쪽)

'평정한 마음의 절' 장안사(128쪽)

비구니들(130쪽)

스님들을 포함한 조선인들의 서양 여성들에 대한 호기심, 너무 뜨거운 온돌 바닥, 감옥 같은 방(131쪽)

**노르베르트 베버(Norbert Weber)**

『수도사와 금강산』(1927)

(Norbert Weber, *In den Diamantbergen Koreas*, St. Ottilien: Missionsverlag, 1927, 102 pp.)

(참고) 『고요한 아침의 나라』(1915)

(Norbert Weber, *Im Land der Morgenstille*, München: Karl Seidel, 1915, 456 pp.)

노르베르트 베버(1870~1956)는 독일 랑바이트 암 레히에서 태어났다. 1895년 사제 서품을 받았고, 1902년부터 1920년까지 상크트오틸리엔 수도원장으로 활동했다. 상크트오틸리엔 수도원은 해외 선교에 참여했는데 원산 근처에 있던 덕원수도원의 모(母)수도원이었다. 덕원수도원은 1920년에 건립되어 독일과 스위스의 수도사들에 의해 운영되다 1949년 북한 당국에 의해 문을 닫았다.

베버(1927)가 그린 수정봉

베버는 1911년 2월부터 4개월 남짓 짧게 한국을 방문하고 제물포에서 독일로 돌아가 1915년 『고요한 아침의 나라』를 출간했다. 다시 1925년 5월부터 4개월 보름간 한국을 방문하고 돌아가 1927년 금강산 여행기인 『수도사와 금강산』을 출간했다. 두 번째 한국 여행에서 아름다운 금강산의 풍경과 사찰들에 매료돼 쓴 이 책은 서양인이 금강산만을 주제로 쓴 유일한 책으로 남아 있다. 1925년 같은 내용의 기록영화를 촬영해 독일에 한국을 소개했다.

1925년 금강산 여행 당시 그는 가방이 급류에 빠지고 스케치북이 모두 젖는 험난한 상황에서도 긍정적인 태도를 견지했다. 비록 종교는 다르지만 불교 승려들에게 깊이 공감했고 한국 불교를 편견 없이 긍정적으로 보았다.

그림 실력이 뛰어난 베버는 직접 그린 삽화를 책에 많이 수록했다. 예술가로서 세부적인 것을 보는 눈이 있었지만 작가로서 자신감은 부족해, 스스로 서술하기보다 게일과 겐테 등의 글을 많이 인용했다. 금강산만을 주제로 책을 출간한 유일한 서양인으로 남아 있다.

건강 악화를 무릅쓰고 아프리카에서 선교 활동을 하다 1956년 4월 3일 탄자니아의 리템보에서 선종했다.

베버의 여행기(1927)에 나오는 금강산 관련 주제들

도입(1쪽)

권근의 금강산 묘사, 한국 역사 속 금강산(2쪽)

지리적 위치와 크기(3쪽)

겐테 인용, 금강산 여행의 역사(4쪽)

금강산을 찾은 중국인들(6쪽)

게일 인용(7쪽)

기차로 서울 출발(8쪽)

자동차로 장안사로, 길가 풍경, 길가 마을, 댕기머리와 짧은 치마저고리(9쪽)

나무와 나물, 도토리나뭇잎을 나르는 남자(10쪽)

무너지기 직전의 다리를 건너다(11쪽)

다른 길(비로봉이 한눈에), 장안사(12쪽)

짚신, 골짜기(13쪽)

'거울'(14쪽)

지옥의 입구 명경대, 금원당(錦園堂) 김씨 인용(15쪽)

임진왜란 당시 요새의 흔적, 918년 마의태자의 은둔지 금강산(16쪽)

버려지고 불에 탄 암자(17쪽)

낡은 쇠줄 타고 망군대까지, 군사적 요충지 망군대(18쪽)

만물상에서 만폭동까지(18쪽)

다시 장안사로, 부처와 성 베네딕도에 대한 대화(19쪽)

등반과 고독 그리고 한국의 혼(21쪽)

뱀을 만나다(22쪽)

장안사와 주변, 1916년 고든 여사가 세운 비석(24쪽)

대처승, 타락과 방만과 나태(25쪽)

비솝 인용(26쪽)

일제 강점 하의 불교 쇄신(27쪽)

한국 불교의 역사, 바위에 석각을 새기는 방법, 금강산 불교도들의 재정적 기반(28쪽)

우산송(29쪽)

승려들의 채식, 작은 형체만 남은 사찰, 삼불암(30쪽)

마애 53불, 유점사 가는 길, 백화암(31쪽)

승려의 밭(32쪽)

샌더스의 장안사 주지승 대담(1907 구술) 인용, 금강산의 사계(33쪽)

사찰 행정, 세조의 행차(34쪽)

승려의 계율들(35쪽)

장안사의 경제적 상황(36쪽)

화려한 시절, 한국 정치사(38쪽)

장안사 창건과 신라 왕, 고려 성종과 조선 세조의 중창(39쪽)

주지 공평 스님의 노력, 임진왜란 때 전소된 장안사, 오늘날의 장안사, 건축(40쪽)

임진왜란 때의 승병 깃발, 오탁정(70쪽)

측면의 사찰들(71쪽)

클라우트케 인용: 반야사와 1592년 반야를 구한 전설(73쪽)

백정로 내리막길에서 차를 기다리며 식사(74쪽)

온정리(75쪽)

자연과 인공(76쪽)

어느 한국 예술가(77쪽)

바위산에서 바다로, 신계사(82쪽)

1913년의 방화(83쪽)

자동차로 바다까지, 삼일포(84쪽)

선녀들(85쪽)

해금강, 고성(87쪽)

구룡폭포(89쪽)

자연 터널 금강문(90쪽)

클라우트케 인용: 구룡폭포 전설(94쪽)

일본식 벤또(96쪽)

색색의 바위들, 솥단지를 엎은 모양의 비로봉(97쪽)

금강산 이름 유래 추측, 식물로 인한 피부 알레르기(가려움)(99쪽)

산딸기(100쪽)

성황당에 걸린 종이와 천 조각들(101쪽)

일만 개 봉우리, 만물상, 작은 여인숙에서 차 마시기, 해안 명승지 둘러보기, 자동차로 원산으로(102쪽)

**에밀 지그문트 피셔(Emil Sigmund Fischer)**

"한국의 금강산", 〈빈 지리학회 발표자료집〉(1928)

(Emil S. Fischer, "Die 'Kongo-Shan' oder Diamanten-Bergkette in Korea," *Mitteilungen der geographischen Gesellschaft zu Wien*, 1928, pp. 240-248)

에밀 지그문트 피셔(1865~1945)는 오스트리아 빈에서 태어난 은행원, 여행가다. 1895년 중국으로 건너가 상하이에서 은행원으로 일했고, 후에 톈진의 출판사에서 일했다. 저서로는 『베이징 가이드(Guide to Peking)』, 『중국 여행 1894~1940(Travels in China, 1894-1940)』, 『강남과 절강의 비단과 차(Through the Silk and Tea Districts of Kiang-nan and Chekiang)』, 『시베리아 횡단(The Trans-Siberian Route)』 등이 있다.

피셔는 오스트리아인이지만 한문을 읽을 수 있었다. 1927년 12월에 금강산을 여행했는데 외금강에만 머물렀다.

1941년에 일본군 포로가 되어 사망했다.

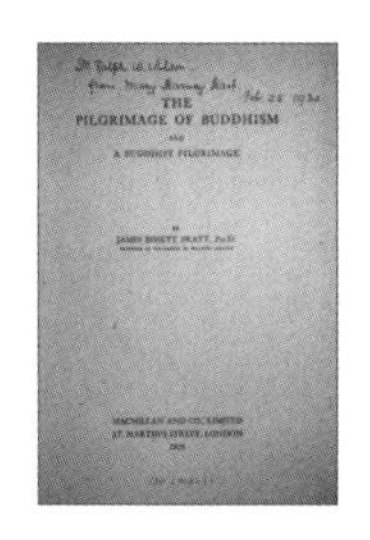


**제임스 비셋 프랫(James Bissett Pratt)**

『불교 순례, 불자의 순례』(1928)

(James Bissett Pratt, *The Pilgrimage of Buddhism and a Buddhist Pilgrimage*, London: MacMillan, 1928, 423 pp.)

제임스 비셋 프랫(1875~1944)은 미국 윌리엄스 칼리지의 철학과 교수였다. 1923년 안식년 기간 중 동북아시아 여행을 하면서 개인적으로 금강산을 방문했고 트롤로프 주교와 대화를 나누었다. 『불교 순례, 불자의 순례』의 제21장에 한국 불교에 대한 내용을 다뤘다.

프랫의 여행기에 나오는 금강산 관련 주제들

금강산 묘사, 초기 금강산 불교, 금강산으로(421쪽)

지게꾼을 앞세우고(421~422쪽)

절에서 하룻밤(422쪽)

가는 곳마다 불상이(423쪽)

마하연과 유점사의 주요 장소(425쪽)

장안사를 대표하는 두 종파(427쪽)

금강산 남쪽, 트롤로프 인용(431쪽)

승려들을 일본으로 유학 보낸 유점사(434쪽)

### 세실 아더 스프링라이스(Sir Cecil Arthur Spring-Rice)

『세실 스프링라이스 경의 서한과 교우』(스티븐 권 엮음, 1929)

(Sir Cecil Arthur Spring-Rice, ed. by Gwynne Stephen, *The Letters and Friendship of Sir Cecil Spring-Rice: A Record*, 2 vols., Boston: Houghton Mifflin, 1929)

세실 아더 스프링라이스(1859~1918)는 앞의 조지 너새니얼 커즌과 동년배로 영국의 이튼 스쿨과 옥스퍼드대 밸리올 칼리지 동창이다. 1887년 미국 워싱턴 주재 영국 공사관을 시작으로 평생 외교관으로 활동하여 주 스웨덴 대사, 주 미국 대사 등을 거쳤다. 미국 루스벨트 대통령과 절친으로 1차대전에 미국이 개입하는 데 중요한 역할을 했고, 일본과의 영일동맹에도 일조했다.

33세 때인 1892년 주한 일본 공사관에 파견되어 한국에 왔고, 이때 커즌과 함께 금강산을 여행했다. 그가 남긴 금강산 여행 일기는 그의 사후 스티븐 권이 편집해 출간한 『세실 스프링라이스 경의 서한과 교우』(1929, 전 2권)의 제1권 5장 일본 편 121~152쪽에 발췌 인용돼 있다. 유감스럽게도 일기에 '한국(조선)'이나 '금강산'이라는 단어는 나오지 않는다. 친구 커즌이 조선 국왕을 알현하기 전 조선 관리와 사전 면접에서 자신을 영국 총리로 오인하도록 한 일(129쪽), 커즌이 금강산에서 조선 승려에게 고압적인 언행을 보인 일화 등(130~131쪽)도 소개했다.

**피에르 시잘레(Pierre Chizallet)**

"한국: 금강산", 〈파리 외방전교회 회보〉 제9호(1930)

(Pierre Chizallet, "Corée: Le Keum-Gang-San," *Bulletin de Société des missions étrangères de Paris*, vol. 9, 1930, pp. 633-638)

피에르 시잘레(1882~1970)는 프랑스 론에서 태어나 알릭스 신학대학에 입학해 수학하던 중 1905년 사제가 됨과 동시에 한국 선교사로 임명됐다. 1908년 한양에 있는 작은 신학교 학장으로 재직하면서 7월 방학기간중 원산을 통해 금강산으로 여행하며 사흘을 보냈다. 성직자였지만 금강산 봉우리들의 아름다움에 매료돼 사찰에 대해서는 많은 기록을 남기지 않았다.

시잘레는 3일간의 여정을 상세하게 기록했는데, 금강산으로 가는 방법부터 거칠고 험한 길 경험까지 상세히 기록했다. 그러면서도 "금강산이 국립공원이 된다면 고대부터 시작해 전 세계에서 가장 아름다운 국립공원이 될 것"이라며 그 아름다움에 찬사를 아끼지 않았다. 폭포를 건널 때 가이드가 등에 업고 건넨 것이나 정상에 도착했을 때 한 한국인이 뜨거운 차를 대접한 경험을 이야기하며 한국인들의 친절함에도 감탄을 표했다. 또한 "이 아름다운 산은 승려들이 악마로부터 지켜온 곳"이라며 성직자이면서도 타 종교에 배타적이지 않은 태도를 보였다.

1936년 신병 치료를 위해 프랑스로 귀국했다가 이듬해 다시 한국으로 돌아와서 대신학교 교수와 학장을 역임했다. 1948년부터 대전교구에 있으면서 관리자까지 역임한 후 1970년 1월 9일 선종해, 대전교구 성직자묘지에 안장되었다.

시잘레의 여행기에 나오는 금강산 관련 주제들

몽근대(1,372m. 실제는 1,331m) 오르기(634쪽)

마하연의 승려들, 비로봉(1,638m) 오르기, 만폭동(636쪽)

**헨리 버제스 드레이크(Henry Burgess Drake)**

『일본인의 한국』(1930)

(H. B. Drake, *Korea of the Japanese*, London: John Lane the Bodley, 1930, 113 pp.)

헨리 버제스 드레이크(1894~1963)는 제1차 세계대전 당시 영국의 교사이자 동양학자, 작가로서 한국에 거주하며 영어 교사로 일했다. 『일본인의 한국』의 마지막 장에 금강산에 대한 내용을 담았다.

드레이크는 20세기 초 팽배한 제국주의 사조의 영향을 받아 일본의 극동 지역 식민지 지배를 미화한다. 제국주의 시대에 스스로를 방어할 수 없는 한국의 운명을 애처롭게 여기면서도, 한편으로는 일본의 지배가 한국의 문명을 한층 더 발전시킬 수 있는 기회라고 생각했다. 그러면서도 책에서는 세 명의 한국 유학생과의 대화를 통해 한일합방 결과 사라져 버린 한국의 독립과 문화적 독창성에 대한 느끼게 된 깊은 아쉬움도 토로하고 있다. 그래서인지 일제강점기에 쓴 책인데도 일본식 지명을 쓰지 않았고, 서양식 번역어가 없을 경우 한국 이름으로 썼다.

드레이크의 여행기에 나오는 금강산 관련 주제들

서론: 중대한 보고, 만물상에서 본 경치(213쪽)

금강산 가는 방법(214쪽)

여행기 시작(215쪽)

온정리 가는 길(216쪽)

만물상, 구룡폭포(217쪽)

장안사, 울치에서 돌배를 타고 온 53불의 전설(220쪽)

마하연 근처 공중에 매달린 절(보덕암), 비로봉 정상(221쪽)

거대한 불상(223쪽)

서울과 금강산 비교(224쪽)

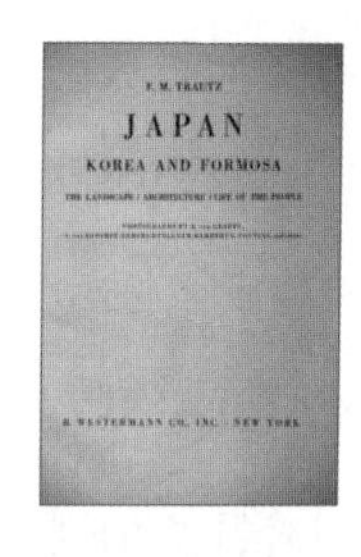


**프리드리히 막스 트라우츠(Friedrich Max Trautz)**

『땅의 순례: 일본, 한국, 대만—풍경, 건축, 민중의 삶』

(1930경)

(F. M. Trautz, *Orbis terrarum: Japan, Korea und Formosa. Landschaft, Baukunst, Volksleben*, Berlin: Atlantis, 1930, 43 pp.; New York: Westermann, ca. 1930)

프리드리히 막스 트라우츠(1877~1952)는 독일의 일본학자로 베를린에 있는 일본연구소장이자 교토의 독일연구소장이기도 했다. 1921년 베를린 대학교에서 일본학으로 박사학위를 받고 1926년 이 학교 교수가 됐다.

책 제목의 '오르비스 테라룸(orbis terrarum)'은 라틴어로 땅의 순례라는 의미로, 삽화를 곁들여 세계 여러 나라의 자연 경관, 건축, 사람들을 소개하는 시리즈의 제목이다. 독일에서 출간된 이 시리즈는 이후 여러 국가에서 번역 출판됐다. 트라우츠의 『일본, 한국, 대만』은 1909년부터 1910년까지 일본과 한국, 중국을 방문한 후

출판했다.

책의 형식은 매우 제한적이다. 사진 밑에 4개 언어로 주석을 달아 놓았고, 사진의 더 직접적인 설명을 하나의 언어로 확대된 도표 안에 넣었다. 일본에 관한 내용이 대부분이고 한국 관련 자료는 금강산 사진 2장을 포함해 일부에 불과하다.

트라우츠는 일본학자였지만 한국어 명칭을 주로 하고 일본어 명칭은 괄호 안에 추가했다. 다만 금강산만 예외인데, 금강산을 직접 방문하지 않았을 가능성이 크고 그래서 정확한 한국어 명칭을 몰랐을 것으로 보인다. 사진 밑에 금강산에 대한 간략한 설명을 덧붙였다.

**얼 채핀 메이(Earl Chapin May)**

"한양에서 금강산까지", 〈여행〉 제56호(1930–31)

(Earl Chapin May, "From Seoul to the Diamond Mountains," *Travel*, vol. 56, pp. 16–19 & 50, Nov. 1930 through April 1931)

얼 채핀 메이(1883경~1960)는 위스콘신 대학교에서 작가 수업을 쌓고 졸업 후 미니애폴리스에서 7년간 기자 생활을 하고 1905년 독립해 광고대행사 등 여러 사업을 했다. 1922년부터 저술에 전념해, 작가이자 여행가로 활동하며 〈새터데이 이브닝 포스트〉와 〈뉴욕타임스〉 일요판 등에 많은 기고를 했다. 60대 중반인 1957~58년에 마지막 해외여행을 했다.

메이는 1930년경 중국, 일본, 한국 등 극동을 여행하는 길에 한국의 금강산을 방문하고, 1년에 두 번 발행하는 여행 전문 잡지 〈여행〉 제56호에 "서울에서 금강산까지"를 기고했다. 함께 실린 8장의 사진 중 2장이 금강산과 관련된 것이다. 그는 금강산이 "더 이상 소외되지 않고 개방되어, 수세기간 불자와 승려들의 은신처이던 이곳을 여행할 수 있게 되었다"고 썼다.

**플로렌스 헤들스턴 크레인(Florence Hedleston Crane)**

『먼 나라 한국의 꽃과 민속』(1931)

(Florence Hedleston Crane, *Flowers and Folk-Lore from Far Korea*, Tokyo: The Sanseido Co. Ltd., 1931, 828 pp.)

플로렌스 헤들스턴 크레인(1888~1973)은 미국 켄터키에서 의사의 딸로 태어나 미시시피 대학교에서 식물학을 공부했다. 자연을 사랑해 어릴 때부터 야생화를 그렸다. 1913년 미국 남장로회 목사이자 선교사이자 남편 존 커티스 크레인과 함께 한국으로 와 순천에서 미술 교사로 근무하면서 조선의 꽃과 거기 얽힌 설화들을 수집해 책으로 엮었다. 그 가운데 금강산이 한 번 짧게 언급된다.

크레인 부부는 이후에도 1946년, 1949년, 1954년에 선교사로 한국을 방문했다. 크레인의 그림은 텍사스 걸프 해안과 서울, 평양, 뉴욕 등에서 전시되었다.

1973년 테네시주 올드히커리에서 사망할 당시 그녀는 수백 점의 풍경화와 1천 점 이상의 꽃 그림을 남겼다.

**마거릿 파슨스(Margaret Parsons)**

"한국 금강산 촬영기", 〈사진시대〉 제66호(1931)

(Margaret Parsons, "Photography in Kongo San, Korea," *Photo–Era* LXVI, Wolfeboro, N.H., 1931, pp. 308–313)

마거릿 파슨스의 인적사항은 알려지지 않았다. 1898년 미국 보스턴에서 창간하고 1931년 본사를 뉴햄프셔주 울프보로로 옮긴 사진 잡지 〈사진시대(Photo-Era)〉의 제66호(1931)에 파슨스가 사진 작품 촬영을 위해 금강산을 방문한 여행기가 실렸다. 금강산 소개나 사찰들의 역사 등보다 하루 중 시간대에 따라 광도가 변화하는 데 따른 카메라 노출 등 기술적인 내용이다. 촬영 장비 두 대를 마치 가족이나 애완동물처럼 부르고 다루는 것이 눈길을 끈다. 보덕암 등 금강산 사진 5장이 실렸는데, 그중에는 이름을 밝히지 않은 사찰도 한 곳 있다.

**가이 머치(Guy Murchie)**

『지평선의 남자』(1932)

(Guy Murchie, *Men on the Horizon*, Boston: Houghton Mifflin Company, 1932, 311 PP.)

가이 머치(1907~1997)는 미국의 과학 및 철학 저술가이자 성공적인 세계 여행가이다. 전쟁 특파원이자 사진가이고 〈시카고 트리뷴〉 기자, 조종사와 비행 강사, 항공 항행사, 건축업자, 그리고 어린이 여름 캠프의 설립자이자 감독이기도 했다. 수상비행기 내부를 설계하는 아버지 밑에서 자라 1929년 하버드 로스쿨을 졸업했지만 졸업식에 참석하지 않고 자신만의 길을 개척하기 위해 동아시아 여행길에 올라 일본, 중국, 필리핀, 만주, 한국, 시베리아의 몇몇 도시를 방문했다. 그 경험을 토대로 『지평선의 남자』를 써서 미국, 영국, 호주 등에서 호평을 받았다.

머치는 원산을 거쳐 블라디보스토크로 건너가기 전 금강산을 스쳐갔다. "우리는 금강산 근처에 있었다. 동쪽 바다로 흘러가듯 펼쳐진 소나무 숲과 눈 덮인 우아한 봉우리군을 볼 수 있었다"는 기록을 남겼다.

머치는 〈시카고 트리뷴〉에 자신의 이야기를 실었다. 1995년에 자서전을 출판하고 오렌지 카운티의 그룹홈에서 말년을 보내다가 1997년 캘리포니아에서 사망했다. 『하늘의 노래』(1954), 『천상의 음악』(1961), 『삶의 7대 불가사의』(1978) 등 저서가 있다.

**에덜린 게일 넬슨(Ethelyn Gayle Nelson)**

"금강산 가는 길", 〈자연사〉 33호(1933)

(Ethelyn Gale Nelson, "Diamond Mountain Trails," *Natural History*, vol. 33, American Museum of Natural History, 1933, pp. 511–522)

에덜린 넬슨은 메리 스미스라는 여성과 함께 금강산 여행을 했다. "금강산 가는 길"은 미국 자연사박물관 회보에 열한 장의 사진과 함께 기고한 여행기다.

넬슨과 스미스는 금강산에 도착한 후, 금강산의 아름다움을 과하게 묘사했다고 생각했던 일본 관광 책자가 실은 매우 사실적으로 기술한 것임을 알았다. 그들은 그 아름다움을 "금강산이 마법을 걸어 왔다"고 표현했다.

넬슨은 53불 전설을 소개하며, 금강산이 과거 100개 이상의 사찰이 있던 한국 불교의 메카였지만 현재는 접근이 어려워 절들을 거의 찾아볼 수 없다고 설명했다. 금강산 여정을 통해 일대에 거주하는 조선인들의 모습과 생활을 상세하게 기술하기도 했다.

그들은 한국의 장마철인 7월에 여행하는 어려움도 이야기했다. 숙소 주인은 다리가 떠내려가고 전화선이 끊기고 물품도 동이 나자 손님들을 얼른 내보내고 싶은 기색을 보였다고 적었다. 하지만 웅장한 봉우리를 볼 수 있는 것을 '특권'이라고 말하며 마지막까지 극찬을 이어 간다. 다만, 여정 각 지점의 구체적 명칭은 거의 적지 않았다.

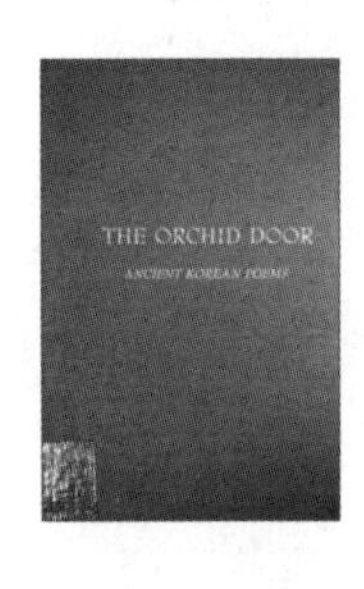


**존 세이벌 그릭스비(Joan Savell Grigsby)**

『난초의 문: 한국의 옛 시』(릴리언 밀러 삽화)(1935)

(Joan S. Grigsby, illustrated by Lilian Miller, *The Orchid Door: Ancient Korean Poems*, Kobe: J. L. Thompson & Company, 1935, 97 pp.)

영국의 여성 시인 존 세이벌 그릭스비(1891~1937)는 한국인에게 생소하지만 한국 문학을 세계에 알리는 데 큰 공헌을 한 인물이다.

그릭스비는 영국 스코틀랜드에서 태어나 1930년 말까지 서울에 살면서 행촌동에 있는 '딜쿠샤'에 메리 테일러 등과 모여 이야기를 나누곤 했다. 일본에서 태어난 미국인 화가 릴리언 메이 밀러와 친분을 쌓은 것도 이 시기다.

조선에 머무는 동안 그릭스비는 조선인들의 삶의 모습을 예술로 승화시킨 자작시 10여 편을 써서 시집 『호숫가의 등불』(1927)에 실었다. 『난초의 문』에서는 금강산 장안사와 구룡연을 노래한 시 2편을 번역해 소개했다.

그릭스비는 한국어를 읽고 말할 정도는 아니었지만 선교사 게일과 호주 출신 여성 선교사 제시 맥라렌의 번역을 참고해 한국의 옛 시를 서양에 소개하는 의미 있는 공헌을 했다. 1937년 4월 10일 캐나다 밴쿠버에서 암으로 사망했다.

**찰스 헌트(Charles Hunt)**

"설악산 여행 일기(금강산 경유) 1923", 〈왕립 아시아협회 한국지회 회보〉 제24호(1935)

(Charles Hunt, "Diary of a Trip to Sul-ak San (Via the Diamond Mountains) 1923," Transactions of the Korea Branchthe of the Royal Asiatic Society , vol. 24, 1935, pp. 1-14)

찰스 헌트(1889~1950, 한국명 홍갈로洪葛路)는 영국에서 태어나 더

럼 대학교를 졸업한 후 케임브리지의 성 오거스틴 칼리지에서 공부했다. 연극, 문학 등에도 관심이 있어 셰익스피어 공연에 오르기도 했다.

1915년 12월 9일 두 명의 성직자 후보생 헌트와 아널드(Enerst Arnold, 안을도 신부)는 함께 선교사로 한국에 들어왔다. 헌트는 1915년에 서울 정동 장림성당에서 부제와 사제 서품을 받았으며, 1941년부터 1945년까지 일제에 의해 국외로 추방되었으나 다시 돌아와 평생을 한국 선교에 바쳤다. 총감사제로 서울을 지키다가 1950년 7월 3월 북한군에 납치되어 북송 포로 행렬로 끌려가던 중 11월 20일 중강진 부근 해창리에서 선종했다.

1900년부터 영문판으로 발행돼 온 〈왕립 아시아협회 한국지회 회보〉의 1935년판에 외국인 최초로 설악산을 방문한 헌트의 기행문이 실렸는데, 이 글에 금강산도 함께 언급하고 있다. 이 여행의 목적은 금강산 건봉사를 기점으로 설악산을 지나 해안가를 따라 강릉과 오대산까지 둘러보는 것이라고 설명하고 있다.

헌트는 1923년 6월 4일 서울을 떠나 원산~장전항~고성역~평강역을 거쳐 금강산에 도착했다. 장안사를 시작으로 사찰을 방문한 기록을 많이 남겼다. 특히 고성에 위치한 건봉사를 자세히 다루었는데, 이태련이라는 주지승의 말을 인용해 해발 1천 피트(약

305m) 지대의 아름다운 숲속에 800칸이 넘는 당우를 보유한 곳이라고 설명하고 있다.

금강산 일대에 대한 서술은 매우 적지만 구체적이고, 고든을 제외한 다른 서양인들이 방문하지 않았던 곳을 광범위하게 설명하고 있다. 1922년에 나온 게일의 이야기를 인용한 것은 경쟁하려는 것이 아니라 이야기를 덧붙이기 위함이다.

헌트의 여행기에 나오는 금강산, 설악산 관련 주제들

장안사 도착, 안문재 아래 식물들(3쪽)

유점사 도착, 개잔령 동쪽 비탈의 식물들, 고성읍 도착, 해금강에서의 하루, 삼일포(4쪽)

고성 외곽의 현종암(종바위), 건봉사(5쪽)

건봉사의 역사(6쪽)

건봉사 묘사(6-7쪽)

보림암, 행도원에서의 하룻밤, 백담사(8쪽)

원명암, 오세암, 마등령, 신흥사(9쪽)

신흥사 묘사(10쪽)

관음굴 전설, 낙산사(12쪽)

낙산사 전설(13쪽)

주문리(14쪽)

**버사 럼(Bertha Lum)**

『동양으로의 발판』(1936)

(Bertha Lum, *Gangplanks to the East,* New York: Henkle-Yewdale, 1936, 1,029 pp.)

버사 럼(1869~1954)은 미국 아이오와주에서 변호사 아버지와 교사인 어머니 사이에서 태어났다. 럼의 부모는 모두 아마추어 예술가였다. 럼은 1890년 직업을 예술가로 등록하고 1895년 시카고 미술학교 디자인학부에 입학해 공부했다.

1903년 기업 변호사인 남편과 결혼하고 7주간 일본으로 신혼여행을 가 전통적인 우키요에(浮世繪, 17~19세기 일본에서 유행한 채색 목판화) 기법을 가르쳐 줄 제작자를 찾았다. 1907년 다시 일본으로 가서 일을 하며 우키요에 기법을 배우고, 1922년에는 중국으로 이주해 2년간 머물면서 중국 목판화 기법을 배우고 귀국했다가 1927년에 다시 중국으로 돌아간 길에 한국을 잠깐 들러 여행했다. 이 시기에 남편과 이혼했다.

럼은 1930년대까지 중국에서 계속 살았고, 헐리우드와 패서디

나에 정기적으로 머물면서 영화 스튜디오를 위한 포스터나 디자인들을 제작했다. 제2차 세계대전의 발발과 함께 미국으로 송환되었지만 1948년 이전에 중국으로 돌아왔다. 1953년 중국을 떠나 이탈리아 제노바로 가서 그곳에서 1년 후 사망했다.

『동양으로의 발판』에는 일본, 한국, 중국, 필리핀에 관한 내용이 담겨 있는데 그중 1개 장에 금강산 이야기를 담았다.

금강산을 방문했던 많은 서양인들과 달리 럼은 내금강뿐만 아니라 외금강과 해금강까지 주의 깊게 관찰했다. 금강산에 대한 그녀의 소회는 다음과 같다.

"금강산은 사람들의 발길이 잘 닿지 않은 여행지로 나에게는 거의 전설적인 장소나 마찬가지였다. 짐을 실은 당나귀를 타고 몇 주간 여행해야만 금강산에 도달할 수 있기 때문에 이곳은 마치 달에 있는 산처럼 지구의 끝 너머에 존재하는 곳처럼 여겨졌다. '금강산'이라는 단어와 그곳의 산봉우리에서 본 광경들은 햇빛과 달빛에 비친 그림자 속에서 요정들과 도깨비가 춤추는 장면을 떠오르게 했다."

기차와 오토바이를 이용하고 가이드와 동행한 현대적 여행이었음에도 럼의 글은 생동감이 넘친다. 여행 가이드들이 들려준 전설과 우화를 많이 수록했다. 종종 대화를 나누는 형식으로 글을 풀어

낸 것도 기존 여행기들과 다르다.

럼의 여행기에 나오는 금강산 관련 주제들

금강산을 여행하는 이유, 베이징에서 한국으로(103쪽)

한국 국경에서 일어난 이야기(104쪽)

서울에서, 한국인에 대한 일본인의 대우(105쪽)

서울 근교에서 가장 높은 언덕에 있는 신사(106쪽)

금강산으로(107쪽)

금강산 이름의 유래(108쪽)

금강산, 장안사 호텔 도착(109쪽)

아침 안개에 싸인 절(110쪽)

장안사(111쪽)

명경대와 염마왕 전설(112쪽)

흑룡담과 황사굴(113쪽)

비구니 암자(114쪽)

황제만을 위한 종이(115쪽)

표훈사, 나옹과 김동(116쪽)

울음 연못 명연담, 정양사, 보덕굴(119쪽)

뷰익을 타고 외금강으로(121쪽)

비로봉(123쪽)

상팔담(124쪽)

**캐시 스콧(Katie Scott)**

"한국의 금강산", 〈커내디언 지오그래픽 저널〉 제13호(1936)

(Katie Scott, "The Diamond Mountains Of Korea," *Canadian Geographic Journal*, vol. 13, 1936, pp. 183–192)

캐나다인으로 보이는 캐시 스콧의 "한국의 금강산"에는 한국의 풍경을 그린 삽화가 일부 포함되어 있다. 스콧은 금강산의 아름다움과 그곳에 얽힌 낭만적인 전설들에 매료됐다. 학술지에 게재하는 글임에도 학술적인 정보보다 감성적인 문체를 선호했다.

스콧의 여행기에 나오는 금강산 관련 주제들

금강산의 매력, 전설과 경치(183쪽)

첫 도착지 신계사(184쪽)

금강문을 지나며, 구룡폭포, 53불 전설, 노춘 이야기(185쪽)

용들과의 싸움(188쪽)

유점사, 장안사 가는 길(189쪽)

울음 연못(명연담) 전설, 장안사, 명경대(191쪽)

유점사에서 하산, 바다 풍경, 노춘의 아내의 암자(192쪽)

**R. 크라우더(R. Crowder)**

"조선의 내금강", 〈여행자〉 제25권 10–11호(1937)

(R. Crowder, "Uchi Kongo: The Inner Diamond Mountains of Chosen," *Tourist*, vol. 25, Nos. 10–11, pp.6–12 & 22–27, 1937)

글쓴이 R. 크라우더는 미국인 여성이라는 것 외에 인적사항을 더 확인할 수 없었다. 월간 〈여행자〉라는 잡지 1937년 10~11월 합본호에 1, 2부로 나누어 실린 짤막한 여행기는 삽화 1장, 명경대·망군대·신계사·만폭동·장안사·보덕굴·표훈사 등 사진 12장, 지도 1장을 함께 실었고, 글 제목 '우치공고(내금강)'부터 조센(Chosen, 조선), 게이조(Keijo, 경성), 겐잔(Genzan, 원산) 등 지명을 일관되게 일본어 음역으로 표기했다.

**스텐 베리만(Sten Bergman)**

『한국 종단기: 고요한 아침의 나라 순례』(1937)

(Sten Bergman, *I morgonstillhetens land: skildringar från en forskningsfärd till Korea,*

Stockholm: A. Bonnier, 1937, 229 pp.; Durch Korea: Streifzüim Lande der Morgenstille, Zürich: Albert Müller, 1944, 50 pp.)

『한국의 야생과 촌락』(1938)

(Sten Bergman, tr. Frederic Whyte, *In Korea's Wilds and Villages*, London: John Gifford, 1938, 436 pp.)

스텐 베리만(1895~1975)은 스웨덴에서 태어나 문학사와 철학사 학위를 취득했고, 1952년 스톡홀름 대학교에서 명예박사학위를 받았다. 동물학자이자 탐험가로 야생 동물, 특히 조류에 관심이 많았다. 한국 여행기는 영어(1938)와 독일어(1944)로 출간됐다.

1935~1936년 사이에 한국을 방문하고 출간한 『한국의 야생과 촌락』(1938)의 제27장에 금강산에 대한 기록이 나온다. 금강산에서의 여정에 대한 기록이지만 내용이 매우 충실하다. 기대와 달리 금강산에 서식하는 동식물에 대한 설명은 없다.

보통의 서양 과학자들이 사실을 바탕으로 객관적 필치를 구사한 것과 달리 베리만은 금강산 설명에 있어서만큼은 주관적이고 문학적인 문장으로 일관했다. 전문 여행가가 보기에도 사람의 발길이 적었던 금강산이 독특하고 매혹적이어서였을 듯싶다.

『한국 종단기』는 1937년 스웨덴어로 출판한 책을 1944년 독일어로 축약하여 재출간한 것이다.

베리만은 1956년부터 2년간 뉴기니에서 아내와 지내며 그곳의 풍습과 동식물을 관찰하고, 1960년부터 3년간은 일본 전국을 여행하며 조류학 연구를 계속했다. 1975년에 사망해 스웨덴 살렘의 공동묘지에 묻혔다.

베리만의 여행기(1938)에 나오는 금강산 관련 주제들

금강산의 일본·한국·서구식 이름, 그림 같은 금강산, 한국 불교에서 금강산의 중요성(185쪽)

금강산 가는 방법, 장안사 마을 도착, 보덕암(186쪽)

표훈사, 만폭동(187쪽)

온정리로 출발, 금강산 최고봉 비로봉, 이름 없는 절(190쪽)

구룡폭포, 비봉폭포, 만물상(191쪽)

해금강(192쪽)

**오드리 해리스(Audrey Harris)**

『동양행 비자』(1939)

(Audrey Harris, *Eastern Visas*, London: Collins, 1939, 398 pp.)

오드리 해리스는 부유한 변호사인 아버지가 교육 목적으로 여행비를 대고 세계 여행을 시켜 주었다. 오드리는 1936년 한국을 여행하던 중 가족에게 쓴 편지들을 『동양행 비자』에 수록했다. 그녀는 금강산을 독일의 바이에른, 지금의 요르단인 아쿠바와 비교했다.

해리스는 원시적인 풍경에 관심이 많았기 때문에 관광객 유치를 위해 길을 내고 호텔을 세운 일본의 정책에 불만을 표한다. "정말 아름다운 풍경은 사람이 갈 수 없는 곳에 있다. 금강산의 진정한 아름다움을 보기 위해서는 노력이 필요하다"고 말하며 금강산의 아름다움을 예찬했다.

해리스의 편지에 나오는 금강산 관련 주제들

외금강에서 신만물상까지(50쪽)

금강산의 일본인 등산객들, 이틀 걸어 내금강까지(51쪽)

비로봉 아래 숙소 구메(휘데)에서(52쪽)

새벽녘 비로봉(53쪽)

장안사(54쪽)

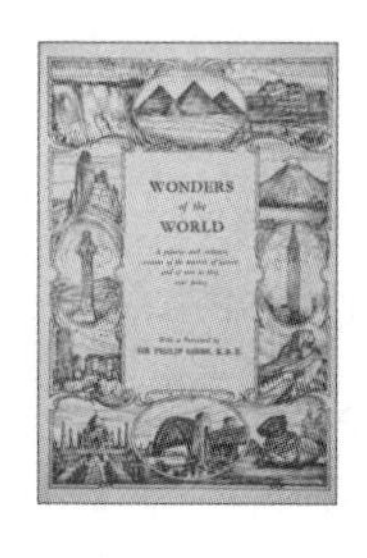


**필립 아먼드 해밀턴 깁스(Philip Armand Hamilton Gibbs)**

필립 깁스 엮음, 『세계의 경이: 오늘날의 자연과 인간의 경이에 관한 재미있는 진짜 이야기』(1939경)

(Sir Philip Gibbs, ed., *Wonders of the World: A Popular and Authentic Account of the Marvels of Nature and of Men as They Exist To-day*, Hutchinson & Company, ca. 1939, 744 pp.)

필립 깁스(1877~1962)는 영국의 저널리스트이자 저술가이다. 런던 켄징턴에서 공무원의 아들로 태어나 가정교육을 받으며 어릴 때부터 작가로서 경력을 쌓았다. 해밀턴 깁스, 프랜시스 해밀턴 깁스, 헬렌 해밀턴 깁스까지 형제자매 중 4명이 작가일 정도로 문재가 있는 집안이었다. 그는 제1차 세계대전 당시 영국의 전쟁 특파원 5명 중 한 명이었다.

『세계의 경이』는 전 세계의 방문할 만한 흥미 있는 지역들을 많은 삽화와 함께 소개한 책이다. 직접 한국을 다룬 장은 없지만 일본을 다룬 장(412~443쪽)의 한 페이지(439쪽)에 한국 사진 2개를 실었다. 압록강 철교와 금강산 사진이다.

깁스는 제2차 세계대전 때도 전쟁 특파원으로 활동했고 1962년 영국에서 사망했다. 『전쟁의 영혼(The Soul of the War)』(1915), 『솜

전투(The Battle of the Somme)』(1917), 『바폼에서 파스상달까지(From Bapaume to Passchendaele)』(1918), 『저널리즘의 모험(Adventures in Journalism)』(1923), 『와글와글(Crowded Company)』(1949), 『인생의 모험(Life's Adventure)』(1957) 등 많은 저서를 펴냈다.

### 월터 웨스턴(Walter Weston)

시드니 스펜서 엮음, 『등반』(1930년대), 제29장

(Walter Weston, in Sidney Spencer, ed., *Mountaineering*, Philadelphia: J. B. Lippincott, ca. 1930s, ch. 29, 12 pp.)

월터 웨스턴(1861~1940)은 영국 다비 출신이다. 케임브리지의 클레어 칼리지에서 학사와 석사를 마치고 성공회 신부로 1888년에 일본으로 건너간 이후 15년간 일본과 본국을 오가며 활동했다. 일본 등산회에서 활발하게 활동해 1937년 히로히토 천황의 훈장을 받았다.

『등반』은 전 세계의 도전해 볼 만한 산들을 소개하는 전문 산악인을 위한 안내서로, 장마다 한 나라의 산을 모아서 소개하고 있다. 이 중 제29장인 12쪽 분량의 한국 관련 부분을 월터 웨스턴이 집필했다. 그는 서울 주재 영국 영사인 C. H. 아처를 인용해 다음

과 같이 사실적이고 구체적으로 서술했다.

"한국의 산은 대부분 화강암으로 이뤄진 바위 봉우리들로 높이가 600~1,800미터 정도로 낮음에도 등반하기는 쉽지 않다. 가장 유명한 산은 금강산이다. 동북해안 중간에 솟아 있으며 약 10평방마일(약 26km²) 면적에 걸쳐 있다. 가장 높은 정상은 1,650미터 정도이다. 아름다운 경치로 일본인들과 한국인들에게 유명하다. 등산하기 가장 좋은 시기는 봄과 가을로 수도인 서울에서 기차와 자동차를 이용하면 채 하루가 걸리지 않는다."

**해리 앨버슨 프랭크(Harry Alverson Franck)**

『일본제국: 지리 안내』(1941)

(Harry A. Franck, *The Japanese Empire: A Geographical Reader*, Dansville: F. A. Owen, 1941, 379 pp.)

해리 프랭크(1881~1962)는 미국 미시간주 멍거에서 대장장이의 아들로 태어났다. 미시간 대학교 1학년이던 1990년 여름부터 세계 여행을 시작해 책을 내면서 여행 작가의 길로 들어섰다. 그의 『세계일주 기행(A Vagabond Journey Around World)』(1910)은 그가 여행만 계속 다녀도 되겠다고 생각할 만큼 잘 팔렸고, 두 군데 사립학교와 스프링필드에 있는 메사추세츠 공고에서 5년 동안 가르친 자금을 바탕으로 여행을 계속했다.

1910년 29세의 프랭크는 일본의 식민지가 된 한국을 찾았다. 『일본제국』에는 금강산에 갔을 때 짐꾼을 구하기 어려웠던 일과 한국식으로 방바닥에서 잔 경험을 기록했다. 산을 함께 오른 지게꾼의 특성을 예로 들어 한국인이 이웃 중국이나 일본 사람보다 강인한 정신력과 체력을 가졌다고 설명하는 대목도 있다.

프랭크가 여행한 때는 장안사로 가는 길이 아직 완공되지 않았고 호텔도 없던 때다. 그는 금강산을 동양 전체에서 가장 경이로운 곳이라고 묘사하며, 그렇기 때문에 서양인들이 금강산을 'Diamond Mountain'이라고 부르는 것이라고 찬사를 보낸다. 또한 알프스산맥에서도 보기 힘든 산과 숲의 조화로 올라가는 내내 시시각각 변화하는 봉우리와 바위의 모습을 감상할 수 있고, 끝까지 오르면 망망대해를 볼 수 있다고 기술한다. 여행을 다녀오고 30년 이상 지나 책을 냈기 때문에 절과 바위, 봉우리의 명칭 등 세부적인 부분의 설명이 부족하다.

프랭크는 이후에도 수많은 나라를 다녔고, 1938년 57세 때는 그 당시 흔치 않았던 비행기를 타고 여행을 다니기도 했다. 61세에는 육군항공대(미 공군의 전신) 소령으로 제2차 세계대전에 참전해 전쟁의 참상을 생생하게 보고했다. 1962년 펜실베이니아에서 뇌졸중으로 사망했다.

프랭크의 여행기에 나오는 금강산 관련 주제들

한국의 산들, 금강산 가는 방법, 짐꾼 구하기의 어려움(229쪽)

충분한 시간을 마련하지 않은 아쉬움, 한국 불교의 시작(230쪽)

한국 불교의 성지(231쪽)

금강산의 숲, 금강산 사찰 건축(232쪽)

겨울이면 고립되는 곳, 암자 순례, 채식(233쪽)

한국의 숙박과 잠자리 문화, 뛰어난 산 경치(234쪽)

원산 이북(236쪽)

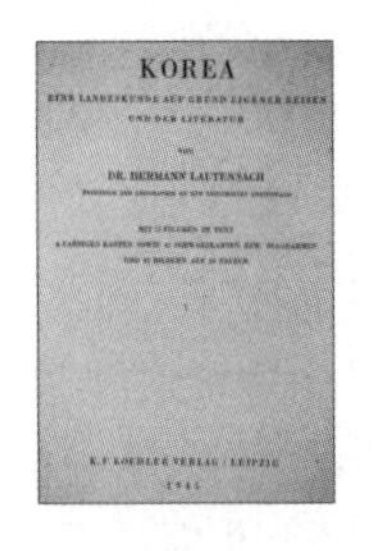


**헤르만 라우텐자흐(Hermann Lautensach)**

"한국의 금강산", 〈지리학회보〉 제10호(1942)

(Hermann Lautensach, "Das Diamantgebirge in Korea," *Zeitschrift für Erdkunde*, vol. 10, 1942, pp. 442–452)

『한국: 답사와 문헌에 기초한 지지(地誌)』(1945; 에카르트 데게·카테리네 데게 옮김, 1988)

(Hermann Lautensach, *Korea: Eine Landeskunde auf Grund eigener Reisen und der*

*Literatur*, Leipzig: K. F. Koehler Verlag, 1945, 542 pp.; Eckardt and Katherine Dege, tr., *Korea: A Geography Based on the Author's Travels and Literature*, Berlin: Springer, 1988)

『한국: 땅, 국민, 운명』(1950)

(Hermann Lautensach, *Korea: Land, Volk, Schicksal*, Stuttgart: Koehler, 1950, 136 pp.)

헤르만 라우텐자흐(1886~1971)는 독일의 지리학자로 괴팅겐 대학교와 베를린 대학교에서 지리학 외에 수학, 물리학, 화학을 공부했다. 1930년대에 유라시아 대륙의 서쪽 끝 반도에 위치한 포르투갈을 공부하면서 같은 위도의 나라를 비교해 보기 위해 1933년 한국을 방문해 연구하고 『한국』(1945)을 저술했다.

라우텐자흐는 1933년 3월부터 11월까지 제주도에서 백두산에 이르는 한반도 전역 약 1만 5천 킬로미터 거리를 네 차례에 걸쳐 여행했다. 한국의 모든 지역을 방문했고, 이 여행을 위해 전 재산을 쏟았다. 이 여행을 통해 그는 100여 종에 이르는 중요한 식물을 채집해 식물 도록을 작성하고 수많은 사진, 암석과 토양의 견본, 정부 간행 지형도와 지질도, 수백 권의 일본 서적들을 독일로 가져가 연구에 이용했다.

『한국』은 한국의 지리사와 문화, 일본이 끼친 영향과 삼림, 어장, 광업, 도로와 교통 등 매우 방대한 내용을 구체적으로 다루고 있다. 542쪽에 달하는 책에서 81쪽 분량을 금강산에 할애했다.

지리학자로서 그는 금강산이 단순히 하나의 산이 아닌 산맥의 일부라는 점을 강조한다. 지리의 형성과 지형학을 설명하는 과정에서 온정리의 온천이 매일 평균 120톤의 물을 쏟아 낸다는 것을 밝혔다. 『한국』은 그의 『지리적 형태변이: 경관체계학 연구(Der geographische Formenwandel: Studien zur Landschaftssystematik)』, 『이베리아반도(Die iberische Halbinsel)』와 더불어 지지(地誌)의 표준서로 인정받고 있다. 1945년 이후 한국에 많은 변화가 있었지만 1988년에 영어로 번역돼 다시 나왔다.

라우텐자흐는 어려운 여건에서 작업했다. 책을 발간하기 위해 12년에 걸쳐 한국어 자료(J. S. 게일 번역)와 외국어 자료(캠벨, 브라스, 커즌, 비숍, 겐테, 베버) 등 각종 문헌을 수집해 방대한 내용을 저술했다. 1945년의 독일에서 이 분량의 학술서를 출간하는 것은 쉽지 않았다. 제2차 세계대전으로 도시들이 연일 폭격을 맞았고 종이를 비롯해 모든 물자가 부족한 상황이었다. 5월에 독일이 항복하면서 폭격은 멎었지만 상황은 나아지지 않았다. 그는 한국에서는 일본인의 감시, 독일에서는 나치의 감시 하에서 작업을 해야 했다. 지명을 일본식으로 표기한 것도 그 때문이다. 하지만 그는 억압받는 한국인들에게 동정적인 태도를 보이며 중립적인 관점을 견지했다.

간결하고 세부적이며 학술적인 목적이 강해 과학적 용어가 많다는 것이 다른 기록들과 차별화된 부분이다.

1950년, 라우텐자흐는 독일의 슈투트가르트 기술대학에 지리학과를 설립했다. 그 직전 5년 동안 세계는 큰 변화를 겪었다. 일본제국과 독일 나치 정권이 사라졌고 한국은 해방된 후 분단되었고 북한은 남한을 침략했다. 독일을 포함한 유럽 지역들은 잘 알려지지 않은 나라에 관심이 높아졌다. 1945년 출간한 책은 곧 매진됐지만 종이가 부족해 새로 찍지 못하다가 1950년에 재판이 결정됐다.

라우텐자흐는 새 책에 1945년에 출간된 책의 일부를 포함했고 나머지를 새로운 내용으로 채웠다. 일본식 지명은 모두 한국식으로 바꿨다(물론 독일어도 함께 표기했다). 1950년판 『한국』은 제5장 12쪽 분량을 금강산에 할애했고, 한국의 애국지사이며 소설가로 1919년 3·1운동에 참여한 후 평생을 독일에서 망명 생활을 하다 이 책이 나오기 직전에 사망한 이미륵(1899~1950)에게 헌정했다. 1845년 초판에서처럼 지리학자로서 금강산이 하나의 산이 아닌 산맥이라는 점을 강조하고, 지리적 형성과 지형학에 대한 정보뿐 아니라 금강산의 명칭이나 논의 위치 등 불교의 영향력을 받은 많은 것들에 관심을 가졌다.

1945년 책은 금강산 부분에 삽화 5개, 지도 1개가 있었으나

1950년판에는 삽화 없이 변형된 지도 1개만 실렸다. 그 5년 사이 라우텐자흐는 한국을 방문할 기회도 자금도 없어 그간의 변화를 직접 답사해 수집할 수 없었으므로 정치적 변화의 영향을 받은 부분들은 그냥 넘어갈 수밖에 없었다.

라우텐자흐의 논문(1942)에 나오는 금강산 관련 주제들

금강산 경치의 주요 특징, 문헌 속의 금강산(442쪽)

노르베르트 베버의 책(443쪽)

금강산의 매력, 53불 전설, 한국 불교의 유래(444쪽)

금강산의 지형학적 구조(445쪽)

금강산의 기후, 지질과 침식, 금강산 계곡(446쪽)

계곡과 협곡의 지형학, 금강산의 숲, 금강산의 식물(448쪽)

불자들과 식물의 관계, 사찰 건축(449쪽)

승려의 의무와 활동, 불교 비석과 조각(450쪽)

금강산 안의 마을들, 금강산 여행, 장안사, 금강산의 경제적 효과, 해금강(451쪽)

관련 서지(452쪽)

라우텐자흐의 연구서(1945)에 나오는 금강산 관련 주제들

한국 및 외국 문헌 속 금강산(308~309쪽)

한국의 불교, '금강산' 이름의 기원(309쪽)

전설과 역사로 본 금강산 불교의 유래(309~310쪽)

금강산의 지형학적 구조(310~311쪽)

금강산 형성의 지형학적 분류(311~313쪽)

금강산의 식물(숲)(313~314쪽)

금강산의 불교 사찰들(314쪽)

금강산 지역의 마을들(314~315쪽)

여행지로서 금강산, 금강산 해안 모습(315쪽)

라우텐자흐의 제2판(1950)에 나오는 금강산 관련 주제들

금강산의 지형학적 구조(88~89쪽)

금강산 형성의 지형학적 분류(89~90쪽)

금강산의 식물(숲)(90~91쪽)

한국의 불교(91쪽)

금강산의 불교 사찰들(91~92쪽)

**일리저베스 키스(Elizabeth Keith)**

『올드 코리아: 고요한 아침의 나라』(로버트슨 스콧 공저, 1946)

(Elizabeth Keith and E. K. Robertson Scott, *Old Korea: The Land of Morning Calm*, London: Hutchinson & Co, 1946, 72 pp.)

(참고) 『동양의 창: 화가의 일본, 홋카이도, 한국, 중국, 필리핀 여행기』

(Elizabeth Keith, *Eastern Windows: An Artist's Notes of Travel in Japan, Hokkaido, Korea, China and the Philippines*, Boston and New York: Houghton Mifflin, 1928, 125 pp.)

1887년 영국 스코틀랜드의 애버딘셔에서 태어난 일리저베스 키스(1887~1956)는 정식 미술 교육을 받지는 않았지만 천부적인 재능을 타고난 화가다. 언니 엘스펫과 형부 존 로버트슨 스콧의 초청으로 1915년에 일본을 방문했고, 언니 내외가 영국으로 귀국하기 전에 자매가 1919년 3월 28일 한국 여행을 시작했다.

당시 한국은 3·1운동으로 전국이 핍박당하고 있었다. 식민지라는 어려운 환경에서도 오랫동안 전해 내려온 기품과 자긍심을 잃지 않는 한국 사람들에게 반한 키스는 한국에서 선교사들의 주선으로 모델을 구해 그림을 본격적으로 그리기 시작했으며, 언니가 영국으로 귀국한 뒤에도 계속 한국에 머물면서 그림을 그렸다.

『올드 코리아』는 키스 자매의 공동 작품집으로, 1928년에 나온 『동양의 창(Eastern Windows)』의 속편 격이다. 조선의 고유한 예술과 문화를 담은 이 책에는 1919년 조선 여행 당시의 풍물을 그린 유화, 수채화, 판화, 소묘 등 40점의 작품이 함께 수록되어 있다. 책에서 저자들은 세실(Bishop Cecil), 아펜젤러 박사(Dr. A. B. Appenzeller) 등의 조선 생활을 소개하고 있으며 3·1독립운동에 대해서도 언급하고 있다.

키스는 한국은 물론 중국과 동남아의 필리핀 군도를 포함한 여러 곳을 방문하며 그림을 그렸는데, 특히 한국을 그린 작품이 가장 뛰어나다는 평을 받았다. 키스는 "나의 특별한 한국"이라고 말할 만큼 한국을 사랑했다. 1921년과 1934년에 한국에서 전시회도 했으며, 한국인과 한국 풍경을 그린 작품을 80여 점 남겼다. 평생 결혼하지 않고 그림을 그리며 살다가 1956년에 세상을 떠났다. 그녀의 작품 중 〈아기 업은 여인〉(1934), 〈널뛰기〉(1935), 〈연 날리는 어린이〉(1936), 〈때때옷 입은 어린이〉(1940)가 한국에서 크리스마스 실로 만들어졌다.

**안드레 에카르트(Andre, Eckardt)**

『조선, 지극히 아름다운 나라』(1950)

(Ludwig Otto Andreas Eckardt, *Wie ich Korea erlebte*, Frankfurt am Main: Lutzeyer, 1950)

안드레 에카르트(1884~1974, 한국명 옥낙안)는 최초의 한국미술 통사(通史)인 『조선미술사』(1929)의 저자로 익히 알려진 인물이다. 독일 뮌헨에서 태어나 뮌헨 대학교에서 철학, 종교학, 미술사, 민속학을 공부하고 1905년에 베버(1927)와 같은 상크트오틸리엔의 베네딕트 수도원에서 사제 서품을 받았다. 1908년 조선 가톨릭교회의 수장인 뮈델 주교와 노르베르트 베버가 만나 한반도에 선교사를 파송하기로 결정했을 때 에카르트도 포함되어 있었다.

에카르트 신부는 1909년 12월 말 42일간의 항해 끝에 제물포항을 통해 내한한 후 20년 동안 조선과 간도에서 사목 활동을 했다. 하다 1929년에 독일로 돌아갔다. 에카르트는 조선에서 독일식 직업학교 교장으로 취임했는데 조선총독부의 문화 말살 정책으로 학교가 곧 폐교되었고, 그 후 경성제국대학에서 가르치며 서구의 학문을 전하려 노력했으나 온전히 뜻을 이루기 힘들었다. 『조선, 지극히 아름다운 나라』(원제 '내가 살아 본 조선')는 1929년 독일로 돌아간 그가 21년 후인 1950년에 발간한 회고록이다. 독일로 돌아간 뒤에도 한국어와 한국의 풍속, 문화, 역사, 미술, 음악 등 연구와 저술을 계속하여 독일에서 한국학의 초석을 다진 공로로 1961년 한국정부로부터 무궁화훈장을, 1972년 문화공보부장관 표창을 받았다. 1974년 선종했다.

『조선, 지극히 아름다운 나라』에서 에카르트는 11개장에 걸쳐 예리한 관찰력으로 한국인의 의식주와 풍속을 기록하고 있는데, 그중 제8장 '불교의 낙원'에 유점사 주지와 나눈 이야기를 포함해 금강산 관련 내용이 나온다.

**메리 린리 테일러(Mary Linley Taylor)**

『호박 목걸이』(1992)

(Mary Linley Taylor, *Chain of Amber*, Book Guild, 1992, 290 pp.)

영국의 연극배우 메리 린리 테일러(1889~1982)는 1917년에 금광 사업과 무역상을 하며 UPI 통신사의 서울 특파원으로 활동하는 앨버트 와일더 테일러와 결혼했다. 1897년 한국에 온 남편 테일러는 3·1운동 당시 33인의 독립선언서를 일본 몰래 도쿄의 통신사를 통해 전 세계에 알리고, 일본 군인들이 민간인을 잔인하게 학살한 제암리학살사건을 취재하는 등 한국의 독립운동을 지지했다. 태평양전쟁으로 미일 관계가 악화되자 1942년 미국으로 추방됐다.

메리는 남편이 한국에서 추방된 후 미국 캘리포니아에서 남편과 함께 노년을 보내며 회고록을 쓰고 1982년 생을 마쳤다. 훗날 그의 아들 브루스 테일러가 『호박 목걸이』라는 제목으로 출판했다. 2006년 2월 서울특별시는 대한민국을 방문한 브루스 테일러와 그의 가족들에게 명예시민증을 수여했다.

# 참고문헌

[이 책에 소개한 저자와 책들의 국역본, 소개 글]

노르베르트 베버, 김영자 옮김, 『수도사와 금강산』(푸른숲, 1999). [베버 1927]

바츨라프 세로셰프스키, 김진영 외 옮김, 『코레야 1903년 가을: 러시아 학자 세로셰프스키의 대한제국 견문록』(개마고원, 2006). [시에로셰프스키 1908]

박영숙 편저, 『서양인이 본 꼬레아』(남보사연, 1998). [캠벨 1892]

박영숙·김유경, 『서양인이 본 금강산』(문화일보, 1998).

- 서양인 최초의 금강산 기록: 1889년 캠벨 영국 부영사 [캠벨 1892]
- 비숍과 동행한 선교사 밀러의 1894년 금강산 [밀러 1896]
- 영국인 기자 해밀턴의 1903 금강산 절과 불교 [해밀턴 1904 & 1905경]
- 학자이며 선교사, 제임스 게일의 1917년 금강산 [게일 1922]

안드레 에카르트, 이기숙 옮김, 『조선, 지극히 아름다운 나라: 독일인 옥낙안이 본 근대 조선인의 삶과 내면』(살림, 2010) [에카르트 1950]

알프레드 에드워드 존 캐번디시, 조행복 옮김, 『백두산으로 가는 길: 영국군 장교의 백두산 등정기』(살림, 2008). [캐번디시 1894a]

앵거스 해밀튼, 이형식 옮김, 『러일 전쟁 당시 조선에 대한 보고서』(살림, 2010). [해밀턴 1904]

엘리자베스 키스·엘스펫 K. 로버트슨 스콧, 송영달 옮김, 『영국화가 엘리자베스 키스의 코리아 1920~1940』(책과함께, 2006). [키스 1946]

이사벨라 버드 비숍, 이인화 옮김, 『한국과 그 이웃나라들』(살림, 1994). [비숍 1898]

장 드 팡주·콘스탄스 테일러, 심재중·황혜조 옮김, 『코리아에서/한국의 일상』(살림, 2013). [팡주 1904]

지그프리드 겐테, 권영경 옮김, 『독일인 겐테가 본 신선한 나라 조선, 1901』(책과함께, 2007). [겐테 1905]

B. 비숍, 신복룡 옮김, 『조선과 그 이웃 나라들』(집문당, 2000). [비숍 1898]

E. G. 켐프·E. 와그너·L. H. 언더우드, 신복룡·최수근 옮김, 『조선의 모습/한국의 아동 생활/상투의 나라』(집문당, 1999). [켐프 1910]

G. N. 커즌, 라종일 옮김, 『100년 전의 여행, 100년 후의 교훈』(비봉, 1996). [커즌 1894]

H. 라우텐자흐, 김종규·강경원·손명철 옮김, 『코레아 I·II: 답사와 문헌에 기초한 1930년대의 한국지리, 지지, 지형』(민음사, 1998) [라우텐자흐 1945]

S. 베리만·H. B. 드레이크, 신복룡·변영욱·장우영 옮김, 『한국의 야생동물지/일제강점기의 조선 생활상』(집문당, 1999). [베리만 1937, 드레이크 1930]

[서양 고서 해제집, 전시 도록 기타]

고영일·박장윤, 『한국 관련 서양고서 해제집』(한국문학번역원, 2006).

김장춘 기획총괄, 『조선을 사랑한 서양의 여성들, 1883~1950』(국립중앙도서관, 2016).
박대헌, 『서양인이 본 조선』(호산방, 1996).
신문영·박주석 외, 『코레아 견문록』, 명지대-LG연암문고 10주년 기념 특별전, 2006.
유홍준, 『나의 북한 문화유산답사기(하): 금강예찬』(중앙M&B, 2001).
정성화, 『한국 관련 서양고서』(명지대학교 출판부, 2005).
최종고, 『한국을 사랑한 세계작가들 1~3』(와이겔리, 2019/2020).
한국문원 편집실, 『금강산』(1995).

Cheong, Sung-hwa and Alexander Ganse, *Bibliography of Western Language Publications on Korea 1588-1950* (The Myongji-LG Korean Studies Library, Myongji University Press, 2008).
Gompertz, G. St. G. M., compil., "The First Sections of a Revised and Annotated Bibliography of Western Literature on Korea from the Earliest Times until 1950: Based on Horace G. Underwood's 'Partial Bibliography of Occidental Literature on Korea,'" Korea Branch of the Royal Asiatic Society, "The Diamond Mountains," *Transactions of the Korea Branch*, vol. XL, pp. 93-98 (Seoul, 1963).
Royal Asiatic Society, *Transactions of the Korea Branch* (1963).

# 쓰고 나서

한국문학번역원의 서양도서국역사업 번역 대상으로 선정되어 첫 책으로 『세밀한 일러스트와 희귀 사진으로 본 근대 조선』(2008)을 출간한 후 15년이 지났다. 100권까지도 번역 출판할 수 있겠다는 의욕적인 계획이 논의된 적도 있으나 아쉽게 30권도 못 채우고 29권째 『금강산』으로 끝나게 되었다.

이 책은 영어뿐만 아니라 독일어, 프랑스어, 이탈리아어, 스웨덴어 등 여러 외국어로 쓰인 70여 종에 달하는 자료에서 금강산에 관한 내용을 발췌 번역하고 간추리고 해설한 것이다. '근대 초 서양인의 금강산 여행'이 핵심 콘셉트인데, 책에 소개한 64명(단체 포함) 모두가 금강산을 찾은 것은 아니니 정확히는 '서양인의 금강산 기록'임을 실토해야겠다. 기퍼드 부인(Gifford 1895), 토머스 쿡(Thos. Cook & Son 1920), 세실 아더 스프링라이스(Spring-Rice 1929), 필립 아먼드 해밀턴 깁스(Gibbs 1939경) 등의 소개글에 그 사정을 밝혔다.

처음 책을 구상할 때는 구한말 찰스 캠벨(Campbell 1892)부터 해방 전인 헤르만 라우텐자흐(Lautensach 1945)까지로 잡았고 저자도 이렇게까지 많지 않았다. 그런데 루드비히 에카르트(Eckhardt 1950)가 1927년 금강산을 여행한 것이 확인되었고, 메리 린리 테일러(Taylor 1992)는 사후에 자녀들이 펴낸 것인데 같은 저자의 『호박목걸이』에 1919년 금강산을 찾았다고 씌어 있어서, 1945년 이후의 것인데도 포함시키는 게 맞다고 판단했다. 그러다 보니 해방 직후에 출간된 라우텐자흐(Lautensach 1950)와 일리저베스 키스(Keith 1946)도 자연스럽게 포함되었다.

내가 서양인의 금강산 방문 기록을 처음 접한 것은 거의 반세기 전인 1977년 여름의 일이다. 런던대학교 SOAS의 석사학위 요건 중 하나인 짧은 논문을 준비하기 위해 런던 챈서리 레인(Chancery Lane) 소재 공문서보관소(Public Record Office)에서 한국 관련 영국 외교 문서를 읽던 중, 캠벨 주한 부영사가 1889년 가을에 금강산을 방문하고 본국에 보낸 보고서를 접한 것이다. 그러나 당시는 내 논문 주제와는 별 상관이 없어서 그냥 지나쳤다.

거의 20년 지나 경주대학에 자리를 잡은 이듬해 1996년 봄, '한국 관계 고서 찾기 운동'을 벌이고 있던 유영구 명지학원 이사장님의 인터뷰 기사를 읽고 지인에게 주선을 부탁해 만남이 이루어졌다. 그렇게 명지대-LG연암문고(현 명지대 LG한국학자료관)의 연구위원이 되며 시작된 귀한 인연이 여태까지 이어져 오고 있다.

LG한국학자료관 소장 자료만 가지고 작업했다면 좀 수월했을 텐데, 문고 외부에서 찾아야 할 자료가 열 개가 넘었다. 일례로 이탈리아인 조바니 마스투르치(Masturzi 1925a & 1925b)의 금강산 관련 기록은 입수하고 내용을 파악하는 데 3년이 넘게 걸렸다. 마스투르치의 기행문(1925b)이 이탈리아 군사지리학회지 『우주』에 실린 사실을 어렵사리 알아내 기관(the Italian Geographic Military Institute, IGMI)에 도움을 청하는 메일을 보냈는데 묵묵무답이었다. 영어로 써서 그런가 하고 이탈리아어 전공자에게 부탁해 정중하게 다시 보낸 메일도 마찬가지였다. 그러다 오래전 계명대 홍미정 교수의 소개로 알게 된, 이탈리아에 살면서 이탈리아어와 와인에 능통한 한국 여성을 떠올렸다. 마지막 본 게 12년 전이지만 다행히 카톡이 연결되어 무려 149번의 메시지가 오간 끝에 마스투르치의 글이 실린 도서를 손에 넣을 수 있었다. 기행문은 13쪽 분량이었다.

나는 이탈리아어를 모르지만 마침 옥스퍼드를 다니며 프랑스어와 이탈리어를 전공한 작은아이가 있어 마스투르치는 물론 프랑스어로 된 글들의 번역을 맡길 수 있었다. 그러나 1931년 호주 신문에 '현대판 마르코 폴로'라며 마스투르치가 소개된 것 외에 그의 인적사항은 더 찾을 수 없었다.

찰스 데밍(도이명, Deming 1926)은 유일하게 서울에서 발간된 자료인데도 국내에선 찾을 수 없었다. 있는 자료만으로 책이 거의 마무리되어 가던 2023년 2월, 이 책이 UC버클리에 있다는 것을 알아냈다. 때맞춰 2월 중순에 아내가 캘리포니아 새크라멘토에서 열리는 골프 룰 세미나에 참석하게 되어 나도 동행했으나, 교통수단이 여이치 않아 버클리를 방문할 수 없었고 나중에 LA에서 해결할 수 있었다.

캘리포니아 방문은 망외의 소득도 안겨 주었다. 일반도서는 비교적 수월하게 찾을 수 있지만, 정기간행물에 짧은 논문이나 기사, 기행문 등 형태로 게재된 것들은 그 학회지나 간행물을 보관하고 있는 도서관을 찾아가야 하는 문제가 있다. 그래서 포기한 자료가 4건 있었는데, UCLA에서 박사를 한 안소현 교수의 도움으로 이번 방문길에 LA에서 해결할 수 있었다. 이미 책을 거의 다 만들어 놓은 출판사와 마감을 넘긴 한국문학번역원에는 죄송하게 됐지만, 그렇게 걸릭(Gulick 1921), 맥네어(MacNair 1923), 메이(May 1930-31), 크라우더(Crowder 1937)를 마지막에 추가할 수 있었다.

일리저베스 애너 고든(Gordon 1916)이 자신의 유해를 일본 고야산과 금강산에 나눠 묻어 달라는 유언을 남겼다는 얘기를 본문에서 했다. 그녀의 유해는 결국 고야산에만 묻혔지만, 유언에서 금강산에 대한 남다른 애정을 느껴 2006년 10월 그녀의 유해가 묻혔다는 고야산을 찾은 적이 있다. 푸니쿨라(funicula)처럼 산등성이를 기어오르는 기차를 타고 고야산을 오를 때의 흥분을 지금도 잊을 수 없다. 이번에 캘리포니아에 갔을 때, 웨스트할리우드에 5주간 묵으면서 UCLA의 파월 도서관이 있는 베벌리힐스 북서쪽까지 버스로 한 시간 거리를 마치 연인 만나러 가듯 수차례 오가면서, 17년 전 고야산을 오를 때와 같은 가슴 뜀을 느꼈다.

그러나 디트리히 베버(Dietrich Weber)라는 이의 "조선의 금강산에서(In den Diamentbergen Korea)"(〈중국 사역*China-Dienst*〉 제3호, 392-398쪽)라는 자료만은 끝내 내 손으로 찾지 못해, 안목 있는 분의 눈썰미에 기대할 수밖에 없다.

언제나 그렇듯 책을 내면서 감사해야 할 분들이 많다.

마스투르치 글을 확보하고 내용을 파악하는 데는 주 이탈리아 한국 대사관의 김연자 님의 도움이 결정적이었다. 마지막에 미국에서 자료 네 건을 해결할 수 있었던 것은 전적으로 안소현 박사 덕이다. 프랑스어와 이탈리아어 자료를 번역해 준 둘째 아이 김런던, 이 책 초고를 읽고 값진 조언을 해 준 Emmah와 명지대 김광선 명예교수님께 감사드린다. 살림출판사의 김광숙 부사장과 편집을 맡은 김세중 교수의 도움이 없었더라면 이 책 출간은 불가능했을 것이다.

끝으로 50년 넘게 나를 지켜 준 아내 박경희에게 고맙다는 말과 함께 이 책을 바친다.

2023년 6월
독서당로에서
김장춘

그들이 본 우리 029

# 금강산

| | |
|---|---|
| 펴낸날 | **초판 1쇄 2023년 6월 30일** |

지은이 **김장춘 · 알렉산더 간제**
펴낸이 **심만수**
펴낸곳 **(주)살림출판사**
출판등록 **1989년 11월 1일 제9-210호**

주소 **경기도 파주시 광인사길 30**
전화 **031-955-1350** 팩스 **031-624-1356**
홈페이지 **http://www.sallimbooks.com**
이메일 **book@sallimbooks.com**

ISBN 978-89-522-4804-6 04080
978-89-522-0855-2 04080(세트)

※ 값은 뒤표지에 있습니다.
※ 잘못 만들어진 책은 구입하신 서점에서 바꾸어 드립니다.